新ドキュメントファイル ジャニーズ61年の暗黒史

作家 小菅 宏
Hiroshi Kosuga

青志社

新ドキュメントファイル ジャニーズ61年の暗黒史

作家 小菅 宏

青志社

まえがき

フィードバック

創業61年の歴史を持ち、日本のエンターテイメント業界の最大手で若手人気スターを抱える絶対的な存在だったジャニーズ事務所が消滅した。

2023年（令和5）9月7日に行われた「社名維持会見」からわずか1か月も経たない10月2日、2回目の会見でジャニーズ事務所はあれだけこだわった、社名維持から一転、ジャニーズの廃業を伝えた。

スポンサーを含め世間の予想以上のジャニーズ離れに、廃業を決断したのだ。

「ジャニー喜多川の痕跡をこの世から一切なくしたい」

前社長藤島ジュリー喜多川は、新会社の副社長井ノ原快彦に代弁を委託した手紙の中で叔父ジャニーと母メリーが築き上げたジャニーズ帝国の崩壊と終焉を告げた。

あっけない幕引きだった——。

話は9月7日の第1回目の記者会見にフィードバックする。

2023年9月7日「異様」な記者会見余話

遂にこの日が来た。

私は視線を壇上を注ぎながら深い感慨を意識した。

2023年（令和5）9月7日、都内ホテルで開かれた記者会見は、日本国中の耳目を集める刺激的な4時間半となった。何しろNHKを筆頭に大手民放4局が生中継し、さらに新聞、週刊誌、フリージャーナリスト複数が我先に質問の手を挙げる、一種異様な空気が淀んだのだ。

壇上に居並ぶ三人の中央に見慣れた顔貌の俳優東山紀之（元少年隊・1985年デビュー）、質問者席から見て向かってその右に恰幅《かっぷく》のいい中年女性の藤島ジュリー景子（57）、左端にはジャニーズグループの元V6（1995年11月結成）の井ノ原快彦（47）が並び、右端に弁護士が同席する。外見は通常の記者会見の様相だが、質問者と答弁側の一問一答は壇上のジャニーズ事務所の3人の腹の底を抉《えぐ》りだそうとする質問者側に対し、時間の経過とともに一部の事実関係が土手の隙間に漏れ出る水滴のようにほころび始める異様な会見となった。

必死に答弁の口実を絞り出す東山が口籠《くちご》ったのは、「東山さんはジャニー・擴《ひろむ》・喜多川（以降はジャニー）がホモセクシャルだったと知っていましたか」という詰問調の質問のときだった。「……噂は聞いたことはあります」と、予《あらかじ》め用意していた台詞をなぞるように即答した。だが次の質問を浴びると、明らかに苦渋の顔に変化する。それは、「東山さんご自身が後輩のジャニーズジュニア（以降Jr）に対して、そのような態度をとった過去がありますか」との刺激的な質問だったからだが、実は「この質問」こそ、質問者の多くが抱く疑念だったのである。

東山は瞬《まばたく》まもなく、質問者の方を見つめたあと、眉間に皺《しわ》を刻んでから、「ないです」と口にする。さらに続ける質問者に対し司会者は、「質問は、お一人一問とお願いしてありますか」と、ややヒステリックに制止するが、質問者は、「ほんとうにありませんでしたか」と追い込む。東山は口籠《ごも》り、「ないと思います」と微妙に口調を緩めた。いかにも過去の一事《いちじ》を打ち消したい表情になったのである。

この瞬間に東山は絶壁に立たされたと思えた。「記憶は確かではありませんが、なかった、とお答えするしかありません」と喉の渇きを癒《いや》すように水を含む。明らかに事実に向かい合う返答になっていない。

「なかったと思います」と言い淀む東山。記憶にないという意味であれば、むしろ、受け止める方には「事実」が存在するニュアンスにも感じる。何故、東山は曖昧な返答しかできなかったのか。

その答えは本著が明かす以下の過去、長く重く閉じられたジャニーズ事務所の閉鎖的な奥の院に埋まっている。

ちなみに、東山紀之が所属した「少年隊」の経緯を記しておく。

1981年10月6日にテレビ東京のネットワークでスタートした「ザ・ヤングベストテン」が開始され、ジャニーはJr（ジュニア）のなかから錦織一清、植草克秀、松原康行を選んで番組のレギュラーにした。この結成が「少年隊」の出発点となり、東山はメンバー入りしていない。

だが当初は少年隊とは名乗れず、「Bチーム」と呼ばれ、「Aチーム」は1982年結成の「シブがき隊」だ。その翌年（1982年4月）松原康行がTVドラマ「3年B組貫八先生」（TBS）への出演で脱退し、東山が新加入した経緯がある。少年隊のデビューは「仮面舞踏会」で正式デビューしたのは1985年。遅れてメンバー入りした東山だが、際立つ容貌と切れのいいダンスパフォーマンスで人気のトップに立つ。東山は事務所への写真応募ではなく、街中でジャニーに声を掛けられたことが機縁になった。

郷ひろみが映画のオーデションに洩れて、母親と帰路に向かう途次、オーデション応募の写真を偶然に見たジャニーが、郷と母親の背に声を掛けてスカウトした逸話に似ている。ジャニーは先天的に持ち備えた「少年愛」の感性を常に研《と》ぎ澄《す》ましていたという性向が分かる。

半世紀以上、煌《きら》びやかな世界を演出してきた皇帝ジャニー。その一手に持つ華やかな舞台への出演の与奪の権限を持つ唯一無二の権力を圧倒的な武器にして君臨してきた孤高の存在、ジャニー・擴・喜多川（２０１９年没）には、東山紀之に「鬼畜の所業」と言わしめた恐ろしいの裏の面があった。

本著はジャニーズ事務所の「都合の悪い事実は報道しない」というマスコミ報道に隠された、ジャニーとメリー姉弟しか知らない「創業61年の奥の院」の、閉じられてきた重い扉を押し開いた一編であると信じる。奥の院には閉鎖されてきたジャニーズ事務所の驚くような「歴史の秘事」が隠されていた。これまでの約半世紀、私はジャニーズ事務所、なかでもメリー・泰子・喜多川藤島と、ジャニー・擴・喜多川を取材続け、彼らの本質が何だったのかを問い続けてきた。

ある時は激怒され、ある時は忌避《きひ》された、その経験は数知れなかったが、彼らの波乱万丈の生き方に人生さまざまあるという「人の影」を見失わさずにおけない、といった、一種独特の吸引力だったかもしれない。

その二人の背中に隠した重い十字架を私は真正面に見せつけられたが、何ゆえにか取材者としての視点を半世紀、外せなかった。袖すり合うも他生の縁ではないが、まるで前世紀からの縁を感じたくらいに。

だが私が取材を絶やさなかったのは、彼らが持つ独特の「人間の業」に興味を持っていたからだ。

本著は、ジャニーズ事務所の長く隠されてきた歴史を紐解いた初のドキュメントであると自負するが、その判断は賢兄な読者諸氏に委ねたい。

小菅　宏

2023年秋　武蔵野にて

新ドキュメントファイル
ジャニーズ61年の暗黒史〈目次〉

その1
暗黒史の始まり
ジャニー喜多川「裁判記録」

その2
性被害事件　北公次の場合

その3

性被害
中谷良（元祖ジャニーズ）の場合

その4

ジャニーズ事務所の錬金術

その5

事務所の隠された履歴

その6 ジャニーズの「クスリ（覚醒剤）」事件続発

その7 事務所からの独立トラブル

その8

女性暴行、乱交事件、騒動、決別と再生

その1

暗黒史の始まり
ジャニー喜多川
「裁判記録」

歴史は繰り返す

私は2023年9月7日のジャニーズ事務所東山紀之新社長らによる記者会見の記録の一部と、56年前の「ジャニーズ裁判」と妙に符合する事実に気づいた。当該裁判は1967年9月、ジャニー喜多川を被告にする元祖ジャニーズの「ホモ・セクハラ・スキャンダル」が世に露出した最初だったのである。

私が何故にこの裁判に注目するかは、「引き抜きはジャニー喜多川によるホモセクハラ行為による」と法廷の場で訴えた側が主張した記録である。

それは元祖ジャニーズがデビューまえにジャニーがダンスや歌のレッスンに通わせ一緒に寄宿していた、新芸能学院を辞める際、名和・新芸能学院代表から、レッスン費、スタジオ使用料、食費に宿泊費等の不払いを理由に270万円の支払いを訴えられた裁判記録の一部だ。

この裁判で名和氏は、メンバーが寄宿していた寮で、ジャニーによるメンバーへのわいせつ行為があったと話し、それが発覚したあとメンバーを連れて出ていった、と暴露したのだ。

同裁判の16回目の公判に元祖ジャニーズの4人が証言台に立った（実際は、立たされたという意味合いが強いのは当然だが）。

この証言記録によると、あおい輝彦は、「同性愛的な、いかがわしい行為をジャニーが日常的に行ったのか」と弁護士に問われ、「そんなことがあったら、ジャニーさんにはついていきません」と明確に答え、真家《まや》ひろみは、「たとえば、うしろからいきなり抱きつかれた、というようなことは？」と問われ、「覚えていません」と応じる。飯野おさみは汗を垂らして曖昧な返答を繰り返す。

一方で、中谷良は、「分からない。ジャニーさんの指示に従った」と答弁するが、実は後年（1989年）、暴露本『ジャニーズの逆襲』でこの時の答弁を180度引っくり返すのだ。この詳細は後に述べたい。

2023年9月7日における記者会見での東山の、「覚えていません」の答弁の裏側

にはあきらかに、部外者が、「当該事実（ホモ行為）」を認定するように感じたのは当然だ。最初は、

「（そのような事実は）ないです」

やや考え込み、

「ないと思います」

さらに突っ込まれて、

「記憶は確かではありませんが」

最後には、

「なかったと思います」

記者会見での東山の答弁は時間の経過とともに、「微妙に変化」する事実を、私は元祖ジャニーズ中谷良の変化と合わせ鏡にしてしまった。

ジャニーと東山紀之の濃い関係性

かつて（1970年代）、ジャニーは私にこんな予言めいた言葉を投げかけた。いま

もその言質を鮮明に記憶する。

それは、「スターやエンタテイナーの育成は生半可な気持ちではできない。まして、スター（エンタテイナー）自身がスターを育てるのは無理。絶対にムリよ」

と断言したのである。


この意味合いを推察すれば、徹底して個人的な思考を唯一の視点の選択肢に取り込むジャニー本人の、〈誰にもできないことをボクはやっている〉というプライドの披歴にも受けとった。新たな事務所の社長に就任した東山紀之は、表舞台から降りると宣言した。彼は皮肉にも今や押しも押されない俳優の一人である。その東山が俳優業を年内（2023年）で辞めて社長業に就くというのだ。

亡きジャニーはこの地上の成り行きをどのような心持ちで眺めているのかは知る由もない。


ちなみに、ジャニーが口癖のように繰り返す「スター」とは、「誰も手の届かない存在」、「エンタテイナー」とは、「ショービジネスに携わる存在で、観客を徹底的に楽しませるスピリッツを抱き、それにふさわしい技量を持つ者」との意味で、「その存在がジャニーズなのよ」と話の最後を結ぶのが常であった。

この言葉は絶対に部外者の居ない場所に限った。

「ユーは生きた花になれ」

生前のジャニーは始終、ジャニーズの面々に繰り返した。ある時、ジャニーは私にその意味する背景を明かした。

「花は美しく咲いてこそ花なの。だからジャニーズ（事務所所属のタレントの意味）は、花のなかで最も美しく輝いている花なのよ」

と。

そしてジャニーが決して口端《くちは》に浮かばせない「表現」がある。

「アイドル」である。「ウチの子（ジャニーズ）はチャラチャラした意味が日本語にある、アイドル、じゃない。安手の意味しかないタレントでもない。手の届かない存在のスターであり、鍛えられた非凡の才能の持ち主のエンタテイナーよ」と矜持《きょうじ》を滲ませたのである。

だからジャニーはジャニーズの面々を、タレントやアイドルと呼称されることを徹底して嫌った。

その理由の為に、彼は（姉のメリーも同様だが）、ジャニーズタレントを、「ウチの子」と臆面もなく表現する。

自分の鑑識眼で発見し、自分の信じる芸能感性で育て、自分の時代感覚でグループ（あるいはソロ）を世に問うてきた自負から逃れられないと見えた。

ウチの子と呼ぶ隠蔽された意味

「ウチの子」とは即ち、「ジャニーとワタシ（メリー）」の他には彼らに手出しができない存在といった意味で、終局的には、「喜多川家の財産」と言った意味合いが濃い。

ジャニーズタレントは喜多川家の金の卵を産みだす存在だから「他でもないウチの子」なのである。メリーはウチの子が自分の懐に入る限りは徹底して庇護する。ジャニーはウチの子を誰よりも早く見出す能力に長けた異能者だ。

ジャニーの口癖は、

「どんな子でもスターにして見せる自信がある。でもね、好きになった子しか一生懸命になれない」

と打ち明けたことがある。また、

「10歳程度の顔を見て、ボクは彼の40、50代の顔（面相）が分かる」とも話した。

実はジャニーにはある一定の「好みの基準」が判定の背景にあると私は感じた。

それは、「ジャニーズ顔」と呼ばれる5つの要素のことである。

1　黒目勝ちの二重瞼であること。

2　肌がなめらかで色白であること。

3　頬が比較的に豊かであること。

4　唇が多少はぽってりしていること。

5　清潔な歯並びが整っていること。

「これらの要素が女性の感性を射抜くポイント」とジャニー自身が信じるからだとも本人は明かした。それを常にＪｒを選ぶ基準にしたとも当時、彼は明かした。

深い色の瞳に色白の肌、母性を刺激するふっくらした頬、女子が触れたくなる甘い香りが感じられる唇、女子の心を溶かす清潔な歯並び。

ジャニーの選択は、心と気持ちがオンナになれるからだ、と私は見抜く。


ジャニーはこの「5ポイント」を絶対的な柱としてジャニーズを選択していたと思える。むろん、運動神経、歌唱のリズム感、タレントとしての融通性を加味しての総合判断を、ほとんど瞬時に判断してしまうと、と彼は私に明かしたことがあった。

TVやドラマ、広告、グラビア写真、映画の画面でのジャニーズメンバーの特性を見ていると、ジャニーの心眼が、間違っていないと私は納得した。

初期の典型的なジャニーズ顔は、元祖ジャニーズのあおい輝彦だったのは間違いない。

次のジャニーの理想のジャニーズ顔は、あおい輝彦の系列を継ぐ郷ひろみだ。郷はあおい輝彦よりもプリンス的要素を加えたアイドルの典型だ。

以後は多少の源泉を繰り返しながら、ジャニーのJr選びは永遠に崩さない鉄則の「条件」となる。

ちなみに、元祖ジャニーズが渡米して吹き込み、全米へ発売予定だったシングル曲

「ネバー・マイ・ラブ」は、あおい輝彦のソロ曲の予定だった。が、メンバーの内輪モメと急きょ帰国しなければならない事情が発生（日本でのレギュラー番組への出演、CM契約の条件を果たす）などの緊急事態が発生してしまい帰国する。

私は同曲を聴いたが、スローな曲調が甘く切ない。あおい輝彦の若々しい歌声は曲調にピッタリの印象を持った。仮にあおい輝彦のレコード盤（当時）がアメリカ中に流れたら、ジャニーが持ち続けたアメリカコンプレックスも大いに解消したに違いない。

このときの元祖ジャニーズの内輪モメの原因は、ジャニーのホモセクシャルが関わっている。ジャニーと中谷の関係を特に真家ひろみが嫌悪したからだ。この時の最大の目的の「渡米してのレコーディング」は皮肉な結果に終わってしまった。

現地のプロデューサーは、あおいの声質に惚れ込みレコーディングを主張したが、国内の契約問題や主演番組との兼ね合いで帰国を余儀なくされた逸話が残る。

だが、皮肉にも黒人グループのアソシエーションズが吹き込み、全米ヒットチャートの上位を獲得したヒット曲となり、全米に鳴り響く。

その曲を聴いたが、おそらく、同曲はあおい輝彦の柔らかく切ない声音に合わせて創作されたに違いない。

私は、あおい輝彦の柔らかい声音で全米へ発表されたなら、あるいは、坂本九の「スキヤキ（邦題「上を向いて歩こう」）に匹敵するビッグなメロディーだったと素人ながらの感想を持った。ならば、あおい輝彦は全米の人気歌手の仲間入りをしていたろう。しかし当時のジャニーの現実は皮肉だ。選択肢はレコーディングの断念だったからだ。ジャニーの心境は推して知るべし。それは同時に、ジャニー喜多川の長年の故郷（ロサンゼルス）への凱旋を崩したことにもなったのだ。「あと一歩、あと一歩だった」。ジャニーの執念はこれ以後のジャニーズタレントをアメリカ（主にロサンゼルス）へ連れて行き、地元のローカルTV局に売り込んだ。まさにジャニーの「アメリカ展望」は、ロスで経験した少年時代からの劣等感を拭《ぬぐ》い去る最上の手立てだったのだと私は見る。

しかしその裏では悪しき所業が繰り返された。誰に止める圧力もなく、ジャニーにとっての人生最上の「快楽」を繰り返した。

「性のプレデター（捕食者）」の汚名を背負ったままだ。

裁判での汚名を隠した［嘘の証言］

さて、中谷良（元祖ジャニーズ）は告発本『ジャニーズの逆襲』（鹿砦社）の文中で、（事実の暴露）をして、「私はそれまでの人生で初めて、人間として卑怯な行為をしてしまったのです」と記す。

中谷の苦渋はまさに「この証言の虚偽」についての自己嫌悪だ。

救われないのは中谷自身が虚偽の片棒を担いだ過去を悔いる心情の吐露にある対象は、ジャニーその人だ。

皮肉なことに、ショービジネスへの憧れの実現へ導いたジャニーに対する、「裏切りの意識」の狭間で苦しむことになるからだ。

「私たち（元祖ジャニーズの他の3人）はその場限りの屈辱だけで、その件はうやむやにされ、そして、一直線に大スターへの階段を駆け上っていけたのです」（中谷良「ジャニーズの逆襲」より）。

自らの証言を「嘘と知りつつ」、公開しなければならなかった苦渋の決断は、その後何十年も彼の人生を金縛りにした。強制された栄誉は長くファンへの裏切りと知りながらだった。

　実はジャニーとの関係によって発症した「幻聴」「フラッシュバック」「恐怖感と不安感」「異性との性的関係への畏怖《いふ》」等は性被害者Ｊｒの証言から類推できる。

　彼らの人生は性被害以後の長期間、これらのフラッシュバックに人生を根本から狂わされた。否《いな》、狂わされている。出来事に関する状況を避ける「回避」もある。これは心的外傷後ストレス障害（ＰＴＳＤ）の症状である。

いままさに「性被害」を公にするＪｒたちの叫びそのものだ。おそらく性被害者の彼らは似たような心の悩みを抱えながらに日常と向き合っている。

　虚偽証言を迫られたその時点（１９６７年９月の16回目の裁判）での中谷良は、裁判における該当時期が芸能人としてのスタートラインの直前に立っていた時期と証言する。

ジャニーは彼らに告げた。

「ユーたちが華やかなフラッシュライトを浴びる世界はもうそこにある」

と。

どちらを選択すべきが最良の判断だったか、当時17歳の中谷には真実を明かす勇気はなかったに違いない。何故なら、すでに代々木公園でジャニーに声を掛けられた3人の仲間とともに、夢にまで見た煌《きら》びやかなショービジネスの世界観を叩き込まれていたからだ。

中谷良がジャニーに声を掛けられた時期（1958年）の日本の状況は、売春防止法の罰則規定が施行され（4月）、9月に静岡中伊豆が襲われた狩野川台風があったりしたが、現在の上皇の婚約など何かと騒がしい時代だった。そして日本人がやっと戦争の時代から解放される時代だった。

そこに眼をつけた戦勝国アメリカの「文化面での日本人攻略」で、米国のハッピーな家庭ドラマを大河の本流のように流し入れるTVドラマが人気を集めた時代である。「アメリカ（のイメージ）は売りになる」と当時の多くの芸能界の策略家は似た思いを抱いた。だが手がかりが少ない。ジャニーにとってのその「救いの手（ゴッドハンド）」は、当時、東京・四谷でスナック「スポット」を営む姉のメリーの存在だった。

スポットには日本人には入手しにくいアメリカ音楽情報が満ち溢れた。やり手のメリーが知り合いの米国人に手をまわして店に置いた。

「スポット」は日本の音楽関係者や芸能雑誌の関係者でおおいににぎわったのだが、その最大の恩恵は、むろんジャニーだった。

最新のモデリングされたダンスステップは当時の日本人を圧倒し、それを逸早く取り入れたのが元祖ジャニーズだった。

第二次世界大戦後10年余の時代、日本人は訪れた平和をアメリカの懐柔戦略（日本をアメリカ化する）とも知らず、米国産ホームドラマに魂を魅入られ、「アメリカ恋し」となった。まさにジャニーが中谷良に声を掛けた時代に符合する。

裁判での証言は「強要」だった

元祖ジャニーズの面々は「ジャニーさんに付いて行きさえすれば」、何度もジャニーから聞かされた「夢のワールド」が待っていると信じた。

――裁判証言での事前に決まっていた「知りません」を口にさえすれば、映画で観た

「ウエストサイド・ストーリー」の息を呑む華麗な世界を手に入れられる。夢の実現だ。ならば「嘘の証言」にも耐えられる。この苦しい場から逃げられると考えた。それが精いっぱいだった。

メンバーに事前に言い渡された証言は、明らかに虚偽の強要だ。中谷は自分の夢と嘘の証言を秤《はかり》にかけた。

だが正義感の強い中谷には拭《ぬぐ》えない葛藤はあった。だから、他のメンバーが台本通りに話すように、「知りません」とは言えず、「覚えていません」と証言したのだ。それが自分にできる精いっぱいの許容範囲だった。

中谷良は告発書のなかで、ジャニーのホモセクシャル行為を隠蔽《いんぺい》したことに起因する懺悔《ざんげ》の心境を告発本で打ち明ける。

「たった17歳で、前途のあるわれわれに、それ（性被害の行為）の拒否証言以外にどのような方法があったでしょうか」。（同書より）

真《まこと》に持って、理不尽な強要だと思わざるを得ない。

驚くことに半世紀前から、そしてつい近年までの犯罪だ。まったく同じ鬼畜にも劣る行為が続いていた事実に暗澹《あんたん》とする。

それに加えて「たった17歳」の経験。

この言葉が重く圧し掛かる。世間もよく知らない少年にとっての衝撃は、計り知れないほどの「傷痕《きずあと》」を烙印《らくいん》したに違いない。

そして被害者が数百人とされる「性犯罪」は、半世紀以上に亘《わた》り続き、「たった一人の男の異常性行為」に起因する。

事実の究明と当事者追及を怠ったジャニーズ事務所なの不毛なガバナンスの実態は救いようがないほどのレベルだった。

そのスタンスが、外国（英国放送協会・ＢＢＣ）のドキュメント番組でこの国に知らされるまで、沈黙を続けさせた。それは国民性の違い、と語られる。

性加害は外国にだって数多《あまた》発生する。ただ、その事実を隠蔽《いんぺい》するかどうかの姿勢の格差が違う気がする。今回の特異な点は、「知っているのに沈黙していた」。流行り言語で言えば、忖度《そんたく》、だ。

マスコミもそうだった。

日本人は良きにつけ悪しきにつけ、相手の心境を推しはかり、思いやる国民性が強く働く性向だ。忖度は悪い場合だけではない。だが、ジャニーの悪行を見て見ないふり（ポーズ）は、忖度でも何でもない。しかしそれによって、次第にジャニーの独りよがりの性向は何の強制もなく許された（否、見逃された）。結果、やっと今回の大騒動に繋がる、外国発信のドキュメント番組によってだ。

ジャニーの私的好みのタイプ（私的性愛）

では現実的な見方を変える。ジャニー・擴・喜多川の個人の「私的な好み」はどうなのか。さすがに感受性の領域なのだが、先に列挙した5条件とは異なると見る。先の5つの条件を兼備したＪｒであってもジャニーの感性の琴線に触れることができなかったなら、ステージのセンターを確保できる狭き登竜門は通過できない。

では私的に枕を共にするタイプはどうか。

比較的に大人しくて自己主張を必死に堪《こら》える、従順な性格でなければならなかった。何より、本人自身の将来への強いエンタテイナーに昇り詰める人生観を持つタイプだったと思う。このことは私の個人的な推測の域を出ないが、「今さえ我慢すれば、今夜だけ目をつむればジャニーズのステージで歌って踊れる」という将来への意識をキチンと心の中で収めている性格をジャニーは見抜き、欲望を果たすだけの「鬼畜の所業《しょぎょう》」で襲いかかることができると読んだ。

すべて推量に過ぎないが、性被害を被《こうむ》った彼らには将来への夢の道をジャニーズ、そしてジャニー喜多川に託していたと思える。

しかも彼らは事務所へ応募して、「ユー、レッスンに来ちゃいなよ」とジャニー本人から直接に許可を得ている立場でもある。さらには、ジャニーの合宿所へ招かれたＪｒの背景は、仮にもレッスンを怠らない姿勢の持ち主だったと思えるからだ。

「ジャニーさん、止めてください。ボク、出来ません」

「だいじょうぶ。みんなやっていることだから」

みんなもやっている。

正確には、みんなにやらせている、だ。

嫌な表現だが、これがジャニーの本音だが、この言質の裏が悪魔のささやきとなるのを承知でＪｒは我慢を強いられた。

表舞台へ出られるかどうかの境目（ボーダーライン）だったからである。

好みのＪｒには連続して宿泊を半ば強要したが、次の仕事の推薦が甘言となった。一度でも断れば声は掛からなくなる。その時点でＪｒは「決断」を要求された。

みんなも我慢しているのか。まさか。自分だけ断っているのか。そういう思いに襲われたＪｒは哀しくて泣きたい気分だ。それでも目を瞑《つむ》っていれば、夢が広がる。本当だろうか。そのように誤解と錯覚を無造作に投げたのが精力旺盛のジャニー喜多川だった。

Ｊｒは精いっぱいの知恵を巡らせたに違いない。それを傍目にして、ジャニーは決定的な台詞を用意していた。

「ユー、明日の写真取材、ＯＫだよ」

きっと彼ら（Ｊｒ）は食いつく。

ジャニーは内心、ほくそ笑んだかもしれない。

相手の弱みに付け込む卑劣な誘惑に、ジャニーズのステージへの憧れを胸に事務所入りを果たした少年の心に、「明日の写真取材、ＯＫ」との最大権力者からのお墨付きは絶対だった。眼を瞑っていれさえすれば、それが現実になると。

想像することさえ忌《いま》わしいやり取りだ。なんと哀しいやり取りか。夢を食べるドリームイーターではない。「バク気取り」に映る。あるいはジャニー喜多川はパラフィリア（偏執病）なのだろうか。

「スターメーカー（ジャニーのこと）は少年アイドル文化のプレデター」。外国人記者の、捕食者の表現が、「明日の写真取材はＯＫ」、のおどろおどろしい言葉に重なり、誰でもひどく苦い味が胸の奥に広がる。まさにジャニーの性癖を充《み》たせる環境は、好きな時に好きに選んで、自由に食べられる状況だった。この状況はまさに、プレデター・ジャニーの天下だったのである。

2023・9・7の記者会見・余話　藤島ジュリー景子の失敗

ここで話を、「ジャニーズ性加害の社長引責辞任記者会見」に一旦戻す。

現実的にこの記者会見には評価する回答はなく、大きな失望が交錯した。ジュリー前社長の謝罪があまりに幼稚に思えた。

5月の動画で、「叔父（ジャニー）の性癖は知りませんでした」と明確に拒んでいた最大の問題点を、「事務所としても個人としても性加害はあったと認識しています」と前言を転換したからだ。

予想された発言とはいえ、決定的にこの日の記者会見を、曖昧模糊《あいまいもこ》の空気感を濃厚にしてしまった感は拭えない。

もっとも決定的な藤島ジュリー景子（以下ジュリー）の過ちは、所属タレント二人（東山紀之と井ノ原快彦）を同席したことだ。どうしたって質問の関心は彼らに集中する。それが「狙い」だった、かどうかは分からないが、経営者として再出発の第一歩を誤っている気がする。

最高経営責任を担うジュリーこそ、記者会見のすべての答弁を請け負うべきだった。質問によっては「ヘルプ！」と縋《すが》るようにジュリーが横の東山を見つめる視線の頼りなさに当記者会見の本音が浮上していた。新社長に任じたので、主な質問はあなた（東山）が答えなさい、と見えたからだ。

いくら何でも筋違い。涙を流しても会場に同情の空気は流れないのが何よりの証しだった。傘下13社、従業員約500人、純資産1000億とも言われる株式会社ジャニーズ事務所（ジャニーズ&仲間たち）は、芸能界の一方の雄である。その頂点に立つ人物としての記者会見でのジュリーの一挙手一投足は見るに堪えなかった。もっと、巷間《こうかん》伝わるメディアに対する昂然とした態度でいてもらいたいと皮肉ではなく感じた。

所属タレントを後継に指名したとしても彼女が免責されるわけではない。大体にして2023年5月に発表した「動画謝罪」が大失敗だった。動画では「生の声」が伝わりにくいのは当然。説得力に決定的に欠けたのだ。

謝罪主旨の動画では相手（世間）を舐めていたとしか思えない。案の定だ。批判こそあれ、同調者は隅に追いやられた。

さらにジュリーは最大のミステイクを犯した。事実隠蔽《いんぺい》だ。過去、ジャニーズ事務所は内部事情を外部へ洩らさないのを優先した。ある程度隠蔽は各企業もあるが、ジャニーズ事務所の徹底さはすさまじかった。

「私は（ジャニーの性加害を）知りませんでした」の嘘

それを世間が信じるはずがない。この「発言」がそもそもの発端になる。仮に知らなかったとしても（そんなことは信じられないが）、世間が耳目《じもく》を凝らす場の動画の冒頭で口にしたことに、啞然とした人（特に業界関係者・マスメディア）は多い。

元来、ジャニーズ事務所の隠蔽体質は歴史上から検証できる。後に触れる金銭問題が時々、芸能ニュースを賑わせたが、内部の行動はほとんど分厚い扉の奥へ隠したままだった。しかも株式会社（1975年1月）になるまで一度も役員会議が開かれなかったという事実がまことに異様だ。

この姿勢が内部情報を外部へ漏出しない大きなポイントになった。この背景が金銭管理を一手に握るメリー泰子・喜多川藤島の戦略だ。実はジャニーはほとんど金銭に興味を持たなかった。興味の対象は「少年たち」だった。姉と弟の方向性の違いがジャニーズ事務所を巨大な芸能事務所に仕上げていったと考えて間違いない。ジュリーは叔父と母が築いた路線を、ライバルもなく、「家業」として営めばよかった。

しかし、仮にそうした企業原理を信奉していたとしたら、ジュリーの前途は多難だ。今回の「性加害問題」への対処の仕方も専門弁護士の指導を仰いだのだろうが、稚拙にしか映らない。第一声が動画だったこと、第二に謝罪に心が籠って伝わらなかったこと。

これはやはり動画であり、芯からの感情が希薄にしか伝わらなかった致命傷だ。そして第三に「(性加害を)知らなかった」と吐露したことなどだ。

誰でも「おかしい?」と感じた。この前提が多くの人に刷り込まれているので、記者会見での、「性加害を知っていました」の申し開きは言い訳にしか感じなかった。これが彼女の犯した決定的失敗だった気がする。

動画発表で済まされると考えたとしたら、世間を甘く見たというしかない。すでにその2か月前にBBC(放送)の情報は日本へ流れていた。それからジャニーズ事務所からのジュリーの返答の主旨は「私が調べて補償をしますので」と聞こえた。

何百人とも言われる「被害者」とどうやって交渉のテーブルで向かい合うのか。おそらく期間、回数が中心になるだろうが、繊細な神経では立ち会えないだろう。「何回、シタの? 1回? 2回? 3回?」

下卑た記述を失礼頂きたい。さらには、「どこで? どうゆう風に?」も一応、質問に入らなければ根本が成り立たない。賠償額は回数なのかは問題外にすべき。1度だろうが100度だろうが評定は同等にすべきだと考えるがどうだろうか。

要は被害者の精神的回復状況（心の疵《きず》）の回復具合もある。そんなもの一生治らない、と言われたらジュリーはどのような判断基準で対応（金銭授受）するのか。判断規定を設けること自体がナンセンスと私はその対応に向き合えない。金銭の保障と謝罪は裏表のコインに似ている。否、違うだろう。そうした単一化した論理が交渉の場でやり取りできない気がするからだろう。

しかし被害者が事務所側の謝罪を受け入れ、補償条件を認可できれば、一応の交渉は落着できると思うが、果たして。

巨大な資産を背景に持つ者の傲慢は許されない。ジュリーが好むと好まざるに拘《かか》わらず、そうした一般人の視線を覚悟する人生を選択してしまった気がする。それをどのように利用しようが本人次第だ。あるいはすべてを解決したと見通した瞬間、どこか日本から遠い国で余生を過ごすこと、あるいは、巨額の資金で福祉施設を設けることも可能だ。

失敗しない人間はいない。ジュリーが嵌《はま》るべくして嵌った事務所の困難は、この性加害に関して社会へ向けての最初の動画だった。

ＢＢＣ（英国放送協会）の報道の２か月後の動画発表や、さらに４か月経っての記者会見。すべて後手だった気がする。

しかも、性被害者への救済策の具体的な提示はなかったのだ。

さらにジュリーは、会見場で、「母メリー」「叔父ジャニー」と発言したことに違和感があった。場は公式会見場である。「母」「叔父」の表現は徹底して排除すべき言質だ。やはりジャニーズ事務所は同族企業だったと、会見場に靄のように不快感が広まり、以後の答えには真実性を感じなかった。

私はかつてジュリーが言い放ったという「ジャニーズは家業」という意味の発言を胸によみがえらせ、徹底的に「同族家業」の典型と考える。

「やっぱりな」と記者会見場に多くのため息が漏れたように聞こえたものだ。

「ジャニーズは家業」は喜多川家の財産の意味

ジャニーズ事務所は喜多川家の「財産の土台」である。

この一点を前提にすると、すべての同事務所への解答が提示される気がする。だがその歴史はジャニーとメリーが健在だったころの話だ。

今はどうか。

事務所側が何を応えても疑念の視線で見られてしまう要点は、ジャニーズ事務所側が記者会見の冒頭から醸成してしまっていたからである。ある意味、まったく空虚な4時間半だった。

東山（新社長）が、「人間形成がなされる時期の若い子たちに行った罪は大きい」と釈明するのを耳にして唖然とした人は多い。なかでも性被害者に存在する。Ｊｒからは、東山を「尊敬できない先輩」（元忍者・志賀泰伸）の声もある。

ジャニーズの未来に暗澹《あんたん》とした。

そうなのだ、東山の発言の通りと考えるが、果たして、彼自身に呵責《かしゃく》の念はないのだろうかと。

と言うのも、先に触れた、「（過去の性加害）に覚えがない」との発言の曖昧さだ。後輩（Ｊｒ）に対する「行為」（少年隊当時のバックダンサー志賀泰信）、就寝前でのマッサージ強要など（週刊文春9月21日号）がなかったのかと重ねて質問者に問われた東山は、更に突っ込まれるのにつれ、「ないと思います」と微妙な言い回しに転換し、回答として結んだ。

これは明らかに、過去に何かあった、としか推測できない曖昧さを拭えなかった。案の定、週刊誌などにスキャンダルが浮上してくるのは仕方なかった。

一部に、「オレのソーセージを何とかしろ」と卑猥極まる東山の過去の言動も情報として流れた。

この原資は、元Jrの山崎正人が著書『SMAPへ　そして、すべてのジャニーズタレントへ』（2005年刊）にある。

事実かどうかは寡聞《かぶん》にして不明だが、あるいは、「覚えていない」の発言に隠されている気配を拒めない気がする。何故なら、「事実無根」の情報ならば断固として拒否するのが人間生理である。

完全無欠の人間をジャニーズ事務所のトップになれと希望するわけではない。

私の知る限り、俳優東山紀之は努力の人だった。

ストイックな性向ゆえに己を鍛えた。

おそらくジャニーズ出身のなかでも群を抜いてストイックな俳優像が業界の常識だった。後輩の俳優岡田准一（元V6のメンバー）に匹敵する努力家だが、だからといって、ジャニーをお父さんと呼べる側近としての見識は如何なものか。東山が単純に、後輩たちの先頭に立って汚名を雪《そそ》ぎたいと覚悟した意欲は、少なくとも記者会見では伝わらなかった。

その程度のコメント量しか用意していなかったのか、とツッコミを入れたくなるほど貧弱な問答を繰り返した。

「もっと、東山紀之の生の声が聴きたかった」との一般人の声は多いのを、本人に聞こえているだろうかと私は疑い、危惧する。新社長に任命されたというだけの記者会見の出席に見えた。

最初なので余計な私心は避けるようにと弁護士に言い渡されたのか。なれば顔見せだけの記者会見は不要だった。時間の浪費だった。

東山は、己への厳しさ追及ゆえに、後輩たち（ジャニーズＪｒ）への方向性が厳しくなったかも知れないとは好意的に過ぎる予測だが、敢えて付け加えると、そうした衝動に背を押されての「行為（ソーセージ）」を誘発したとの情報が流れた可能性もある（元少年隊ジュニア岡田幸治）。だがそれらの情報流布は、例の記者会見での、「覚えていない」「そうだったのかは思い出せない」などの曖昧な返答が発する「疑念」を私に呼び起こしたのは本当だ。

本当にジャニーズ事務所は再生できるのかと考える。

咄嗟に元祖ジャニーズの中谷良の告発本の一文（既述済み）が私によみがえった。

東山はジャニーの性加害を事前に知っていた？

同じく、

「ジャニー（喜多川）の性加害の噂は知っていた」

との東山自身の発言も重大だ。

指導者ジャニーに醜聞（性加害）の事実があったかの問い合わせは躊躇した、と述べる姿勢も分からないではない。しかし大人の世界で、噂は認識していた、と明かす心境には、事実に気づいていた、という意味に解釈しても大きな間違いはない。

が、いっぽうで、あるいは事務所の内部に性加害が「常識化」していたのかと思うと背筋をおぞましい気配が走り去るのを否定できない。

事務所には100名を超えるＪｒが所属している。彼らからの「噂話」を東山は承知していたと思う。そのように思わないほうが不自然だ。ならば、東山の「鬼畜の所業」の極まりない表現はどこから出たのか。単なる表面を繕《つくろ》う言葉とは思えない。しかもかつては、おとうさん、と呼んでいたのを多くのＪｒたちは承知している。

芸能界には表玄関の煌びやかさが眩いほど、裏の影は濃く歪《いびつ》の喩《たと》えがある。過去、元祖ジャニーズが結成され、ジャニーズ事務所が創業された１９６２年から61年間（２０２３年）は半世紀を超える。

その当初から性加害が延々と起きていたのだとしたら、ジャニーが亡くなっているいま、彼に取り巻き仕えていた関係者は、断罪される側としての覚悟をしなければならないのではないか。遅くはあっても、今が、その時期だと合点《がってん》することも重要な決断の時期と考える。

過去60年前からの「鬼畜の所業」（東山の発言）に対処するスタンスは、当然に厳しい「対応処置」が必要だ。だがそうすると、放った矢が東山自身へ返る皮肉な言質になる。

今後、所属のタレントの出演料や契約金はすべて、本人へ引き渡し、事務所側は一銭も受け取らないとの発表もあった（2023年9月14日）。CMの割合は事務所7、本人3だった契約内容も明らかになった。傘下グループ会社（ユニゾン）経由は従来どおり。もっと、重い扉に閉ざされたジャニーズ事務所の扉が開いてほしい気がするのは、性加害の被害者に対する謝罪と補償に関してだ。

彼らの心の傷は完治しないだろう、おそらく。彼らは生涯、いわれない疵を抱えていくことになる。

そんな状況を知っているのか呆《とぼ》けているのかは不明だが、前社長の藤島ジュリー景子の発言は一種、能天気に聞こえた。

「被害者の方々への誹謗中傷は今後やめていただきたい」

と東山とともに訴えたが、何を訴えているのかと、自分の居場所を理解していないように思えてしまう立ち位置に唖然とする。

彼女は実情を認知していない。さらに言えば、彼女自身がそうした「お願い」をするのは筋違いだろう。

被害者の会の人たち（元ジャニーズＪｒ）の視線は東山と藤島ジュリーに対し冷やや

かだ。

「ジュリーさんは論外。また、喜多川氏（ジャニー氏とは呼ばない）を、お父さん、と呼んでいた人（東山）に言われても釈然としない」と話す。ジャニーを、お父さん、と呼んでいた東山紀之の存在は彼らにとっても大きかった。当時の東山本人は、「気が付かなかったが、指摘されれば思いつかないこともない」、と性被害に関して推測を述べたが反論の余地は圧倒的に狭まる。

「鬼畜の所業」と東山は記者会見で考えられる最も痛烈な表現でジャニーを指弾した。「尊敬も消し飛んだ」とも。ならば言葉の意味を今一度、検証して欲しい。

要は、言葉の持ち腐れ（言いっぱなしの意味）で解決の糸口を探れるほど安易な一事ではないと私は思う。そのことを肝に据え、新体制の彼らに、もう一度、真正面から立ち向かわなければならないのではないかという印象は拭えないのである。

23年前のニューヨーク・タイムズ

英国のＢＢＣ放送が発端の今回の「ジャニーズ性加害」に関する記者会見が開かれる

23年前のことだが、手元に古い（２０００年1月30日付け）のニューヨーク・タイムズがある。メインタイトルは、「Tarnishing a Star Maker」（純粋さを損ない汚す、やり手のプロデューサーの意か）。

要旨はジャニーからホモセクハラ（性被害）を受けたと元ジャニーズ（Ｊｒ）の２名が、非公開で大阪地裁の法廷に立った時の記事だ。彼らは、「ホモセクハラはあった」との証言を行ったと記事にある。

日本のスポーツ紙は、「ジャニー喜多川氏ピンチ」がメインタイトルで、「ジャニーズＪｒ（２人）が被害を受けたと証言」と載るのみだった。内容は最近の性加害の状況と類似して、「ジャニーさんが布団に入ってきて、足をマッサージして」とサブタイトルに載る。

ジャニーズ事務所側は報道した週刊文春を「名誉棄損」と、地裁へ提訴した顛末《てんまつ》は広く世に知れたが、結局はジャニー喜多川の真相の解明は亡くなるまで顛末は曖昧にしか決着しなかった。

それにしてもこの国（日本）は、性被害に関して外国から指摘されなければ、「社会的問題」になりにくい。性の問題はあくまで「個人の範疇」と言うのが日本人的な思考がどこかある。あくまで私的な行為は外部へ洩らさず、私的に処理してしまう性癖であり、これは日本人が受け継ぐ「恥の文化」に起因しているのかとも考える。

現実としてジャニーの半世紀以上に亘《わた》る「屈辱的な性行為」と、「その被害者数百人（あるいは千人単位との情報も）」の事実は永久に抹消できない。

ところが「ジャニーズの性被害」はこの国に関しても特殊な部類に入る。一人の人間による「圧倒的な数の被害者」の露見であるにも関わらず。

しかも行為の背景が、加害者の権力に集中している特殊事例であること。被害者が華やかなショービジネスへのスタート地点での屈辱行為。これに堪えなければ第一線の圧倒的なステージに立てないというジレンマ。まさに生殺与奪《せいさつよだつ》は行為者の思惑一つにある。そうした優位性をジャニー喜多川は半世紀以上、貪《むさぼ》ってきた。

さらに最大の悲劇は、「そのこと」を知りながら黙殺しなければ成り立たない関係性の暗部が半世紀を超える期間、放置されてきた。それこそがまさに元凶だ。聞いていたのに、噂を知っていたのに彼らは何もしてこなかった。

東山紀之は、当事者のジャニーを、「お父さん」と呼んだ。指導者としての恩義は分かる。しかし、その「犯罪事実」の解決者としては並大抵以上のエネルギーが必要だ。なのに、記者会見では、そうした被害者への気遣いがみじんも伝わってこなかった。

そうした「事実（ホモセクシャル）」を部内で噂として耳に届いていたと、追い詰められたように愕然と告白した新社長東山は、自らの発言でのがんじがらめの状況からの脱出はできるのだろうか。果たしてどのような活路があるのか。この場に東山の出席は必要だったのか。

それは藤島ジュリー景子の社内調査がまったく行き届いてなかった証しだ。株を手放さず、代表取締役も名称として居残る。全株式を握る彼女こそ全身を投げ打って身を削る必要があると、この記者会見で明確になった気がする。

「ジャニ担」の存在

話を変える。一方で、メディア、TV局、企業には「ジャニ担」という単語を知る人はマスメディアで働く人であろう。要するに「ジャニーズ事務所の担当」の略で、TV界、新聞雑誌界、企業（主にCM・イベント担当）の人たちのことだ。

ジャニーズ事務所は破格の勢力を維持する圧倒的なパワーバランスを背に、企画内容、共演者、宣伝プログラムまで絶大な影響力を持ち、ある種、各業種への優先権を維持した。その時代での人気（実力）が、ジャニーズに限らず仕事の要求は比例する。性加害記者会見以前の事情は先を争うようにジャニーズのタレントを指名した。このこと自体は何の問題もないが、TV界などマスメディアでは当然に「優先」を競う。このときに解決を担うのが、各マスコミの「ジャニ担」なのだ。

しかし反面で、「ジャニ担」の存在は現実的にそぐわないケースがある。ドラマの共演に相手役の女優との人気を損なうバランスや、企業のCM内容でのクレーム（ほかの事務所所属のタレントとの共演など）は、ジャニ担の情報具合で決まることも多々ある。

この「担当制」は排除すべきではないかと思う。各メディアの最終的な判断に対して、彼ら（ジャニ担）の情報に左右される事態が、ある種、ジャニーズ事務所優先を助長してきた傾向があると見るからだ。

正当にして平等に選択しても、ジャニーズの若い群像の輝きは失われないだろう。その公平な見地（スタンス）こそがマスコミに必要だった、と思うからである。

今回の性加害の問題によって、すでに（2023年10月現在）、ジャニーズタレントを起用しない企業は、ビール（アサヒグループＨＤ・キリンＨＤ）・東京海上日動火災保険など大企業が多数にのぼる。この時点での検討中は明治・コーセー。当面継続は花王・不二家・住友金属鉱山など全65社のうち25社（２００２３年9月）だ。

同様に、ＮＨＫを含むＴＶ界も深刻だ。番組編成は秋と春に多いからである。忖度《そんたく》のつけが巡り巡ってといった輪を描いているように見える。

ところが「被害者の会」を組む彼らは企業がジャニーズのタレント起用を避ける姿勢に疑問を呈するのだ。世間一般に「ジャニーズ忌避」に危機感さえ抱く。世間的に「ジャニーズ」といった名称がつくだけで避けられたら、自分たちの居場所がなくなるという危機感のことだ。少なくとも救済が行われた以後であれば、彼らの危惧も薄くはなる。だから、それまでは、といった思惑がある。だからこそ、被害者への救済を急げ、となるのである。

性被害者への救済を急げ

「ジャニーズタレント本人に罪はない。現役ならばピックアップしても構わない」との意見があるのは事実であり、正論だ。性被害を受けた彼らはやっと暗いトンネルの出口の灯りが薄く見えてきたところだろう。だが出口を抜ける道程はまだまだ先だ。

一方で、それでも、確かに性被害外にいるジャニーズタレントの彼らは今回の問題に関しての直接の繋がりはない。けれども、深刻な「鬼畜の行為」を甘受してきた所属事務所に居るとすれば、「まったく関係がない」と言い切れない。結構、発言を慎むジャニーズタレントも多い。余計な火の粉を浴びたくないと考える連中だ。

日本芸能界で将来にわたり、負の遺産、として伝え続けられるであろう「長期間で大多数の被害者が明るみに露出した不祥事」を産んだ「指導者（ジャニー喜多川）」の手ほどきを受けた事実は、容易に消えないからと考えるのが現実だ。

ならばどうした処置が考えられるのか。

「（出演する）ジャニーズタレントを無差別に除外すること」に、私は与《くみ》しない。巨額の富を生んだジャニーズ帝国の未来を潰すことに与しない、と言った意味においてである。性被害者への救済がまだ不明朗な現状のジャニーズ事務所に、これ以上の利益をもたらす必然性はないと考える。

ではどうしたらいいか。私は100名を超えるとされる事務所所属の「タレント個人」のみに利益配分されるシステムが適宜ではと思う。ジャニーズ事務所の東山社長や、代表取締役の藤島ジュリー景子を中心にした「性被害者」への救済行為を第一にする行動こそ求められるのだ。ジャニーズ事務所（喜多川家）には莫大な資産（会社を含め約2700億円との推測もある）を所有する。

会社関係では、音楽著作権（所属するすべてのタレント歌手印税）、所有不動産（本社ビル、都内のビル・土地・劇場など）、ジャニーズファミリーという名称の（ファンクラブ）などあるが、約1300万人が入会するファンクラブはグループ別に入会があり、優先的に公演チケットなどが入手できる。

この収益は毎年約520億円（推定）。某芸能事務所がジャニーズ事務所の買収を計画したが、約520億円と分かり断念した情報がある。

世の中の動きを見逃したジャニーズ事務所

世の中の動きも活発に動いている。今までの動きが嘘のような状況なのが広告業界だ。

広告採用や販促キャンペーンの中止が相次ぐ。結果、ジャニーズ事務所は性加害問題で、被害補償と再発防止策を発表した（2023年10月2日）。要旨は、所属タレントの出演料はすべて本人に支払い、芸能プロダクションとしての報酬は今後1年間、受理しない。新経営体制を制定し、「チーフコンプライアンスオフィサー（CCO）を設置するという。

正直に指摘すれば、ジャニーズ事務所はガバナンスもコンプライアンスも希薄な会社だ。

過去、取締役会は開かれなかったという。当座から必要なかった。何故なら会社の指示は同族会社の特徴である経営者が独自に差配しているからで、これまでのジャニーズ事務所はその典型だった。

1962年4月、ジャニー喜多川が元祖ジャニーズをマネージメントすることに成り、創業した個人事務所。言わば、「ジャニー・擴・喜多川」の個人商店だった（現在では考えも及ばないが）。正式に株式会社の登録をしたのが1975年1月である。この間、そして最近まで株式会社の形態は成していなかった。

それでも半世紀、成績を順調に伸ばしてきた背景は、ジャニーのタレントのスカウトとプロデュース力、メリー喜多川の圧倒的な金銭管理の両輪が、ジャニーズ事務所を今日の隆盛に導いてきたからである。

後で触れるが、メリーの厳しい経済観念のせいで、タレントとのギャラ問題は初期から絶えなかった。

例えば、ジャニーズの地方公演での出演料は「25万円と聞いています」と元祖ジャニーズのあおい輝彦は答えるが、「それは80万円でした」と裁判（１９６７年）で新芸能学院長が証言している。

すでにこの時代からジャニーズ事務所のタレントへの金銭授受（ギャラの配分）は、事務所とジャニーズタレントとの立場の圧倒的な差異が、あったのである。すでに創成期からジャニーズ事務所のギャラ配分について、タレントとの立場の認識が際立って異なっていたのが判断できる。

今年9月13日から14日の全国世論調査（朝日新聞・２０２３・9・15日付け）によると、ジャニーズ事務所の信頼回復に関して、「できる」が17パーセント、「思わない」が72パーセント、無回答が11パーセントの圧倒的に厳しい社会の眼がそそがれる。

注目するのは、「ジャニーズのタレントを起用することは、子供への虐待を認めることで、国際的に非難の的になる」（新浪剛史経済同友会代表幹事）の記者会見の談話だ。

確かに問題点は国際問題になる可能性がある。２０２４年6月には先に日本で調査した報告から国連でも俎上《そじょう》に上がる予定なのだ。


別件だが全国の児童相談（児相）が、２０２２年度に対応した児童虐待件数を21万９１７０件（速報値）と発表した。

偶然にもというか、皮肉にもというのかジャニーズ事務所の最初の会見が開かれた当日だ。私がこの数字を追った理由は、「児童虐待は32年連続で最多」という見出しによってだ。

ジャニーの性加害とは関係ないが、心理的虐待が半数を超え、次いで身体的虐待、育児放棄（ネグレクト）と続く。

「逆境的小児期体験」（ＡＣＥの研究は、18歳までに性被害、暴力などの虐待を受けたり、家族のなかに薬物依存症者、自殺未遂者、服役者が居たりとするＡＣＥを複数経験した人ほど、未経験者に比べると成人後、自殺未遂や抑うつ、心臓病、ガンなど心身の病のリスクが高くなる（読売新聞・「広角多角」編集委員山口博弥２０２３・９・17付けから一部引用）。

元来、日本での性被害者は、女性、という先入観が強い気がする。その国民的心理が、ジャニーによるＪｒ（ジャニーズジュニア）への性的虐待の報道が他に種々の理由はあるが、見過ごされてきた要因だったろう。性犯罪に限らないが、被害者は男女、年齢に限らず存在する。ただし、ジャニーに起因する性犯罪に該当する「人数」は膨大だ。

無理強いするジャニーの性加害は「児童虐待」に十二分に匹敵すると考えを巡らせると、何かうすら寒さを覚えるが、それは同時に性被害を被ったジュニア（Ｊｒ）たちに対しての憐憫《れんびん》の情《じょう》が胸の奥に滲むのを感じたせいだ。性被害者の心の傷への謝罪と、補償は出来るだけ早めに行うべきだ。

「被害者の記憶は消えない。心の傷は簡単に癒えない」（性被害を受けたカウアン・オカモト氏）の無念の述懐は、想像以上に重く、切ない響きを伴う気がする。

その2
性被害事件
北公次の場合

性被害者の悲痛な叫び

この取材体験は初めて明かす。

JR代々木駅西口から新宿へ向かい徒歩1分間もかからない車道に面した灰色の外壁の建物へ入った。1968年9月の昼下がりのこと。私はエレベーターのないビルディングの3階の分厚いドアを押した。

部屋は約十二畳のフロアー（板の間）で横3㍍縦2㍍の大鏡の他に何もない。家財と言えば出入り口の左の壁に沿い、5人分ほどの寝布団類が無造作積み重ねられているだけ。代々木駅が望める南側に窓がある。ただ、部屋に入った瞬間に得体のしれない「臭《にお》い」が漂ったのを鮮明に記憶する。何の臭気かは不明だったが、次第に「男の臭い」と感覚が捉え、やがてそれが北公次とジャニーの「生活臭」と判断したものだ。はっきり証言すれば、「男の臭い」とは「精液の臭い」に感じた。

そこの住人が北公次（フォーリーブス）だが、同時にグループのレッスン場だった。他のメンバーが学校から帰って来るまで北公次は、大鏡の前でダンスのレッスンを繰り返した。

特に私が驚いたのは、北が部屋の一方の角から斜線を描いてバック転をした瞬間だ。ジャニーズの面々は現在もステージで鮮やかに後ろ宙返り（バック転）を得意にするが、元祖ジャニーズはほとんどバック転をしなかったので、北公次がジャニーズの先駆者だったかもしれない。

北は他のメンバー（江木俊夫・青山孝（孝史）・おりも政夫）が留守の時間を費やして自分の「得意技」を会得しようとしたことが後に分かった。それを取材者である私に印象付けたのだ。

この部屋は北公次とジャニー喜多川が寝泊まりする場所だった。

北は日劇のウエスタンカーニバルのステージ脇にもぐりこんでいたとき、元祖ジャニーズを率いていたジャニーに声を掛けられた。

北が故郷（和歌山県田辺）を出て大阪でバンドボーイをしていた時代だ。

「ジャニーさんは気やすくて優しかった」と初印象を北は明かす。

「同世代に接するようにフレンドリーだった」と語るのは、元祖ジャニーズで最初に代々木公園でラジコンの飛行機を飛ばしていた中谷良。

二人のジャニーに対する初対面の印象が圧倒的に似通っている事実に思い当たる。年下の相手に決して偉ぶらず、上目線の対応をしないのがジャニーだ。それで声を掛けられた少年たちの警戒心がほどけた。

天性の「ボーイハント術」なのだ。ジャニーはその付与された人懐《ひとなつ》っこさの裏で、悪魔の笑みを浮かべていたことになる。その悪魔の牙に噛まれたのが、北公次（元フォーリーブス）だった。芸能志向を抱いて和歌山から、大阪などを経て、東京の日劇（当時）でジャニーの甘いささやきを聴くことになるのだ。ジャニーは文句なく、純真な眼《まな》差《ざ》しと素直な対応を崩さない北（本名・松下公次）を気に入ったと思われる。

「ユー、芸能界に興味があるの」

北は、柔らかな口調、優しい眼差し、柔らかな視線を保った小柄の男に警戒心はなかった。

以後のことになるが、ジャニーに声を掛けられたジャニーズ志望者はほとんど似た印象を打ち明ける。

当時の北公次（本名は松下）は大阪で某グループのバンドボーイをしていて、上京してきたこの日、元祖ジャニーズが出演する憧れの日劇の舞台の袖（ステージ出入り口）で見入っていた。

まさにジャニーが取り入るに絶好のタイミングだった。ジャニーは元祖ジャニーズの売り込みが一段落したことで、私的な相棒を捜していたタイミングだったのだ。

少年の心を掴むテクニックに溺れる

さて北公次である。

北は結局、ジャニーにスカウトされる形で同居する。東京・四谷にある、お茶漬け屋の二階が発端だ。北は、アイドルになれる、とジャニーに口説かれた。有頂天になった。

故郷を出た北の憧れは華やかなステージに立つことだ。

北は幼少期、比較的に裕福な環境に育つ。

北の父親は当時、隣の和歌山市でも一、二番を競う「清定《せいてい》株式会社」という菓子問屋を経営したが負債で倒産。次の「丸清食品」も三年で潰れてしまう。

北は貧しさに耐えた。夜中、母親が寝布団のなかですすり泣きしているのを覚えている。「いつの日か母を楽にしてやろう」と誓い、中学を出て大阪へ向かい、やがて東京の日劇（現在の日劇マリオン）で、ジャニーと運命的な出会いをするのである。

夢をジャニーが果たしてくれる。こんな夢に見た幸運が舞い込む喜びの反面、夜になると濃厚な性行為に堪えなければならなかった。

「ジャニーさんは勃起したおれのペニスを口に含み、音を立ててしゃぶっていく。それも毎晩だ。次は後ろから責められる（以下略）」（『光GENJIへ』データハウス1988年）より。

そうした夜の秘事行為が4年半、ほとんど欠かさず続いた。「たまにおれの肛門に挿入することもあったが、あまりの痛さにおれは悲鳴をあげて拒絶した」（『光GENJIへ』より）。

北はフォーリーブス結成が、ジャニーが自分のために結成してくれたチーム（グループ）との事実が生き甲斐だった。そこまでしてくれて芸能界への道を開いてくれた恩人だ。「ジャニーさんは裏切れなかった。ジャニーさんが要求するなら受け入れるしかない」

後年、北はジャニーとの関係について告発本以上の背景を明かしたが、彼らを10年間担当してきた私にその告白は衝撃で、そしてそれが初めてで、そして最後だった。

危機はジャニーの渡米での留守

北公次の危機は元祖ジャニーズが渡米していた期間（1967年）にある。

デビュー直前の北公次は代々木駅近くのビルディングの一室（前述）で孤独を噛みしめていた。

昼間はまだいい。午後になれば下校してくるメンバー（江木・おりも・永田英二）がやってきてダンスやレコードを聴いて時間が過ぎる。

学年が下だった永田は青山孝（孝史）とメンバー交代し、後にソロデビューする。彼らとの時間は孤独を癒《いや》したが、夜になれば一人だ。

〈ジャニー、早く帰ってきてほしい〉

北は心がボロボロになっていく予感がした。それは淋しさと、ジャニーとの夜の行為の切なさが混じっていたともいう。北は望んでジャニーの夜の相手をしたのではなかった。ただ、孤独を癒してくれる慰めがジャニーとの行為だったのは悲劇でしかない。グループ（フォーリーブス）が解散し、10年後にファンの熱い声援で「復活公演」を全国で行った。

北は楽屋でひそかにジャニーが顔を見せてくれると信じた。あれほど、孤独を慰撫しあう時間を共有した時間が懐かしく感じられた。

しかしリバイバル公演にジャニーの姿はなかった。メリーも同様だ。この瞬間に、「俺はキレた」と明かす。再会を望んだ。それだけでよかった。

不確かな言葉は不要だったのに。何故、と北は瞳を光らせる。

「ぶちまけてやる」

北はこの瞬間に告発本（暴露内容の性体験の日々）を決意するが、その秘事は当時、時期尚早だった。

多くのマスメディアが注視しなかったばかりか、嘲笑さえ浮かべて北の叫びを無視した。

代々木のビルディングで元祖ジャニーズの渡米に同行したジャニーを待つ間の北は辛抱できず、夜になるとまた孤独に耐えられず、新宿のジャズ喫茶（バンド演奏がある喫茶店）へ足を運び、クスリ（ヤクと呼ばれる大麻）を覚えた。沈んでいた気持ちが高揚するのを堪え切れなかったという。

「気が狂いそうな淋しさ、それを忘れさせてくれるなら（クスリでも）構わない」と思ったと明かした。

デビュー前にも拘わらず、代々木駅近くのレッスン場兼用の部屋の外の路上に、毎日数十名の中・高校生が集まって来ていた。

他のメンバーが登校している昼間は、北が一人で窓から顔を見せて嬌声を浴びる日々が続いた。実はまだデビュー前の時期なのに、北はクスリで時間を忘れ、ジャニーの帰国を待ち望んだのだ。そのことをファンに知られてはならないと考えつつ、届かない帰国の連絡を切なく待った。

元祖ジャニーズ帰国の知らせはないままの日々、自殺を考えたのはそんな時期だった。

が、間一髪、元祖ジャニーズが帰ってきて、北はジャニーの胸に飛び込む。判断が間違っていたとは考えたが、「どうしようもなかった」と告白する。それからの北はジャニーに求められるまま、さらに深くカラダの関係を続けた。

最近（2023年秋）もまた私に、Ｊｒの性被害が露見したのに合わせるように遠い記憶がよみがえった。初めて訪ねた代々木の稽古場兼用の部屋を思い出したのだ。北とジャニーの関係はそれからさらに深く結ばれたのか、という複雑な思いが部屋の男の臭いを蘇らせたのかもしれない。

1975年（昭和50）夏のこと。ジャニーが長崎の取材先の歓楽街で、背後に5人のＪｒを引き連れて歩く姿が頭に浮かぶ。私は取材で同行したが、当然に夜は別行動。ジャニーは酒を嗜《たしな》まない（一度だけ、ジャニーをホステスのいる大箱クラブへ誘い、ジャニーが引き受けたことがあったが、それはただ一度のことだった）。大通りを挟んでいたので声は掛けなかったが、彼の背後で縦に一列に歩くＪｒの姿に、今は悩ましい妄想を帯びた記憶が浮かんだ。今夜の相手は誰にするのかと浮かべてはならない妄想だった。

すでに当時、私は薄々、ジャニーの性的欲望を感じ始めていた。だが公開する行為は憚《はばか》られた。今さら悔いても詮《せん》ないが後悔はない。私の想像でしかないのだから。言ってしまえば、それが取材者である私のせめてものジャニーへのエキスキューズであったからだ。

野暮なのでこれ以上は省略するが、その光景は大阪、名古屋でも、東京の赤坂でもジャニーを見た。常にJrを連れていた。最後に出会ったのは東京・赤坂のフォンテーヌというレストラン（現在は閉店）で、忍者というグループと一緒だったのである。

狂気の北公次を慰めるジャニー（初公開秘話）

1971（昭和46）年冬。北の兄が仕事の現場で死ぬ。現場作業員だった。大好きな兄貴だった（北の証言）。私は彼の故郷（和歌山県田辺）での葬儀に取材で同席した。棺に取りすがり狂気のように泣き叫ぶ北は物の怪に絡まれたかのようだった。その翌週、彼らの地方公演に同行した私は、某公演先での休憩時間、館内の隅の階段で肩を寄せ合うジャニーと北を目撃した。

うなだれる北の痩せた肩を抱き、静かに慰めの言葉をかけるジャニーは北を抱き締めたのだ。その姿勢は「愛する者を慰める」といったような、まるで恋人同士に映った。私は見てはいけない様態を目撃してしまったような後ろめたさを抱えて、その場に立ちつくした。

確かにその場のジャニーは北に優しかった、異常なほどに。

タレントとマネージャーの間合いを遥かに超える親密さだった気が私はした。変な話が、見てはならない姿を密かに見てしまった、否、実際は見えてしまったのだが。しきりに言葉で慰撫するジャニー。

うなだれる北公次。只ならぬ関係性を私はそのときに確認した気がした。抱き締め、今にも口づけしそうなほど顔を寄せて見つめ合う。ちょっと異常な間合いだとは感じたが、私に少年愛の実態は希薄だったのだ。

彼らの顔がたがいに合う。視線が交錯した。

私がジャニーの「隠された素顔」を目撃したと思いついたのはその瞬間だった。まるで愛する人を慰撫するかのような仕種だった。

まさか――。私は見てはいけない禁断の一幕を盗み見る心境だったのだ。

口づけする、のか、と思わず現場を離れかけた私に、館内で夜の部のオープン開幕を知らせるベルを聞いた。何故か安堵した心持ちは忘れられない。見てはいけない姿を見なくて助かったという変な気持ちだった。

仮に開演ベルが鳴らなかったら、私はどうしていただろう。取材者の場にいたままで彼らを盗み見したろうか。開演ベルが後1分遅かったら、私は彼らの抱擁を目撃してしまったろうか。

何故かそのときの胸の動悸が忘れられないのだが、口づけを見ないで助かった気分がやがて大きくなった。1分早く鳴った開演ベルが胸の奥で今も響くことがある。

そして50年後の今（2023年）、同じ人物の性加害が日本中の耳目を集める騒ぎになった。例は違うかもしれないが、歴史は繰り返す、の言辞が胸奥によみがえる。

あれから何百人の犠牲者が出たのか。まったく無関係な著者だが、なにか割り切れない思いが消えない。

盗み見た私も何か同罪の気分に襲われたからかもしれない。やはり目撃しないで良かったかも。記憶の隅から消えない記憶が、最近の性加害の大問題で、ふたたびよみがえるのである。

このときのジャニーズ公演での隠された逸話がある。

まるで愛する者を慰撫するようなジャニーに抱きかかえられ、慰められつつ、うなだれたままの北公次の、その夜の公演でのステージは異様だったのだ。

北はローリングストーンズの曲を好んだが、その舞台で気が狂ったように荒れ狂い、ステージに倒れてしまい、専属のバックバンドが延々と間奏を埋め、観客はその異常さに驚喜した。そして北は失神した（過去初めてのようだ）。

北は動かない。仮に心臓麻痺にでも襲われたら一大事。救急車の手配が必要になる。舞台袖に集まった他のメンバーの顔にも暗い影が走る。

舞台の袖の私の隣で見ていたジャニーが、「公ちゃんッ」と叫んだ。まったくめずらしく金切り声になっていた。普段は人前で滅多に内面の感情を発しないジャニーが一瞬だが、本気で叫んだのだ。初めて仮面を脱いだジャニーの素顔を見たと思ったのは、まさにその瞬間で、それ以後は能面のように感情を押し殺すジャニーなのである。

私も数多く北のステージを観ているが、このときは格別に異端な光景として記憶にある。係員が舞台の袖まで北の身体を移動させるなど異常な光景を、ジャニーが冷静な視線で見守るのを私は異様に感じた。

ジャニーはすべて自分で発見し、人手を借りずにすべて自分だけの差配で進行するというある種、近寄り難さを感じずにいられなかった印象が強い。

バックバンドが延々と演奏を続ける異様な5分間。ステージにヒーローのいない空間は人間心理に異常な長さを感じさせる。その感覚がまさにそのステージだった。幸い、バックステージで北は意識を恢復《かいふく》し、後半の舞台を勤め上げた。

その直前の休憩を消耗するように、共に長い時間を、バックステージの階段の隅に座り、ジャニーが何を北に吹き込んだかは不明だが、ジャニーズ全員を己の意のままに操る手立てを信じる男の存在感を目撃した気がしたものだ。


そのことの記憶が、ジャニーをして、BBC（英国放送協会）の音楽人気番組の司会業を続け、200件以上の年少者を性的に犯し、「史上最も多くの罪を重ねた性犯罪者」と叱声されたジミー・サビル（2011年10月死去）と比較される性犯罪者、と認識せざるを得ない。

ちなみに、このときの賠償金はサビルの遺産から6億円支払われ、番組を提供したB

ＢＣからも支払いがあったと報道される。この金額が妥当なのかどうかは議論の余地がある気もするのは私の現実認識だ。

おそらく、ジャニーズ（実際は藤島ジュリー景子）の補償額は、あくまで部外者のあて推量に過ぎないが、この10倍以上に達するのではないだろうか。

それほどにジャニーの性犯罪は罪深く、性道徳に甚大に反する深刻な所業を再考する必要があるのは当然だ。

あるアイドルの最終章

ジャニーに愛され、ジャニーに裏切られた北公次の最終章。

月日は移る。ジャニーの手元には毎日、段ボール箱満杯の「少年たちの顔写真」が届く。私も稀有なことに、ジャニーに招かれて一度だけ、段ボールからはみ出す「少年群の顔写真」を見せられた（１９６８年秋）。

これを毎日、ジャニーは目付をしていると明かした。「だって、この写真選びが最上の愉しみ」と語った時のジャニーの表情には、「少年愛」に満ちていた印象があると思いついたのはずっと後のことである。

まるで他人が触らない宝石の欠片《かけら》を慰撫《いぶ》するような写真選び。あの時のジャニーの恍惚感を少年愛と結びつける知識は当時の私に皆無だった。

仮にその当時、私に少年愛の知識があったとしても。今思い返すと、ジャニーは己が恍惚感を覚える「楽園の花園」へ私を招いてくれたことになる。そして以後、楽園への招待は一切ないのである。

私はその後に彼の性癖を知ることになるのだが、あのときに、ジャニーの性癖を判断できることは23歳の弱輩の私には無理だった。

ただ、前記した代々木の稽古場兼用の部屋に漂っていた「男の臭い」はずっと消えないのは事実だ。臭いの記憶は一生、私の嗅覚（記憶）に巣食ったままなのだろう。それとともに先に触れた地方公演会場でのジャニーと北の姿も同様である。

一方で北公次は詩人だ。幾多の詩を得て、フォーリーブスのデビュー曲にも採用されている。一編だけの選択は難しいが、私は次の詩が好きだ。

「海」

この海が荒れて見えるのは
ぼくの心がさみしいからです
でもあなたにとって
海がとてもきれいにみえるのは
あなたの心がとてもきれいだからです
なぜなら
故郷を去った時の海も
兄とわかれた時の海も
そう　旅の途中でみた海も
結局は　海は海
人の運命ほどかわってしまうものではないのです

（『256ページの絶叫』ペップ出版より）

それから北は「恋」について記している。

「僕は、恋をするのが怖い。何故かというと、自分がどうなるか、まるで分らないからだ。その恋にのめりこみ、なにもかも放っぽりだしてしまうからだ（原文ママ）」（『256ページの絶叫』より）。

北公次の恋の相手が、ショービジネスの世界へ導いてくれた。初恋が「彼」だったかは私には分からない。

追伸　届かなかった葬式の花輪

北公次は真家ひろみ（元祖ジャニーズ）の葬儀（2000年3月6日死去）月にジャニーとメリーからの花輪一つも届かない仕儀に怒り狂った。そして同僚の青山孝史（フォーリーブス）が肝臓がんでなくなった葬式にも、二人からの弔辞関係の連絡はないのに激怒した。北は斎場で声を荒げた。

「なんで、ジャニーさん、メリーさん」と怒鳴った。

そういう男気が北公次の身上でもある。

だが北もその一年後、青山の跡を追うように旅立った。同じ肝臓がんだった。

そして生前の北は、せめて悔やみの言葉を当時連載した夕刊新聞に書き残したのが遺書代わりになる。

「ジャニーさん、メリーさん、ほんとうにありがとうございました」

哀しい言葉である。そう言えば、真家ひろみも告発本の中で、「ジャニーさん、メリーさん、ありがとうございました」と記す。

この意味が同音異語なのかは判断できない。ただ、当時のジャニーとメリーからの送別の辞は遠く届かなかったのだ。ジャニーとメリーにもそれぞれに胸に抱える反論はあったかもしれない。そうだとしても、最後の別れに「一言」あるのが仁義ではなかろうかと感じるのは、私の感傷に過ぎないのかは判断しない。

北公次の葬儀にもジャニーとメリーからの送辞の便は届かなかった。

あれほど一時は圧倒的な信頼感で結び合っていたジャニーと北公次。栄光と苦悩の日々を過ごしたジャニーは２０１９年（令和元）７月９日に逝った。

互いの別離は切ないものとなった。

連鎖する告発本（暴露本）の発売

北公次が現実を訴える自書を世に問うて、広範な反響を招いたこの時期（１９８８年以降）、「ジャニーズ暴露本」が連続した。中谷良、木山将吾、平本淳也など。さらに『さらば‼　光るＧＥＮＪＩへ』（データハウス）では小谷純とやなせかおる。分厚い土手が破壊されたように「ジャニーズ暴露本」が一気に世に出た時期だった。

小谷は文中で、「お尻を許さなかったからスターになれなかったなんて考えたくないが、（拒んだ）そのせいで（ジャニーから）あまり力を入れてもらえなくなった」。

まったくもって理に反することへの正直な感想だ。

だが右の文面は非常に注目すべき告白なのだ。

最近のジャニーズの性被害者も似たような事実を告白しているからだ。思えばこの時期（１９８８年前後）、ジャニーの性加害が世間に広く報道されていれば、の観念はマスメディアに希薄だった。

何故なら、１９８７年（昭和62）12月に事務所が待望する大型新人の近藤真彦（マッチ）が華々しくデビューし、翌年（1989年）、2つのグループを合体させ、結果としてセンセーショナルな人気を爆発させた光GENJIがデビューして、一気にジャニーズの新世紀が始まったからだ。

息つく暇なくジャニーは多くのジャニーズジュニアを選別し、男闘呼組、少年忍者（後に忍者）、そしてSMAPを発表する。まるで自分の性的スキャンダルを隠蔽するかのように連続して世に問うのである。

ジャニーはこのとき、少年たち（Jr）の声を無視するように、それはあたかも「己の後ろめたさを隠し通す」ようにだったかもしれない。

楽園の皇帝「ジャニー」の乱脈

これだけ次々に話題を集めるジャニーズのグループが日本芸能界を席巻させたのは、当たらぬかも知れないが、裏を返せば性的醜聞をマスコミから隠す試みもあったかもしれぬ。これはあくまで私の推論だが、グループを連続して組ませて世に送ったのは、したたかなメリーの剛腕だったかも知れない。

それをがっちり支えるようにジャニーは醜聞を遠ざけるように、ジャニーズアイドルを放出した。そのように考察すれば、一応の推論の筋道は成り立つ。

事実、ジャニーに関係する告発本（暴露本）が連鎖のように世に出た時期と重ねて有望株のジャニーズグループを放出したように見えたからだ。

それはジャニーが毎日届く段ボール箱に詰められた少年たちの「少年の顔写真」を見定める習慣を欠かさなかったからだが。

すでに触れたように、ジャニーには私的行為の相手を選ぶ場合の決まり文句の切り札は、「次の仕事はユーだ」の一言。

それは明日を目指すＪｒ（ジュニア）にとっての金言だ。それを自分勝手に自由に操るジャニーにその当時、怖いものは皆無だったろう。

すでに触れたが、楽園（当時は東京・渋谷）での毎日の写真判定が、「ボクの愉しみ」と笑ったジャニーの心理には、己の快楽を充たせる新しい少年との出会いの因縁を抱いていたのかもしれない。私は写真選びでのジャニーを真向かいにして、ある種、見てはいけない秘密の儀式を盗み見た気分を否めなくなったものだ。これでは、ジャニーからの性加害が絶えることはなかったのだという後ろめたさだった。少年たちはジャニーズの華やかな眩しさに彩られたステージに立つ自分自身を空想する。いつか自分もと。それはジャニーという捕食者（プレデター）の本心を知らない少年たちの時期の熱い思いだったのだが。

歴史のなかに人生の四苦八苦があるというが、ジャニーの「少年の写真選択」は、機は必ず時節到来也（道元）ではないかと感じる。まさに出会うべくして出会う、である。これでは少年相手の性加害の「悪の種」はなくならない状況がジャニーの身辺に絶えなかったと分かるのである。

ジャニーはわざわざ自分から足を運ぶ必要がない。理由の如何《いか》にも関わらず少年たちから寄って来るのだから。ジャニーはそのなかから自分本位に選択するだけで欲望は充たされるのだから。皮肉な運命を感じるのは私だけであろうか。

その3

性被害
中谷良（元祖ジャニーズ）の場合

グループはジャニーの犠牲だった

ここまでの証言を踏まえたうえで、1989年発表の『ジャニーズの逆襲』（データハウス）は、元祖ジャニーズ中谷良の暴露本が事の顛末を明かすことになる決定版だ。それを検証すると、改めてジャニーの歪《いびつ》な人生行路が浮上する。己《おの》れが抱いてきた、劣等感からの解放だった。

ジャニーはロサンゼルス時代の差別と侮蔑の日々を忘れることはなかった。小柄な黄色人種。それだけの理由で差別を浴びた境遇に、いつか仕返しをする。

それがジャニーズのメンバーを引き連れての「ロサンゼルス凱旋」だった。幼少期（7～8歳）に一時帰国した当時、親しく世話をしてくれた縁者から「性的被害」を受けたとの情報もあるが、ジャニーの心の奥には青年期に受けたロサンゼルスでの「性的差別」への復讐の気持ちが消えなかったのだと私は感じた。

その第一陣が元祖ジャニーズだった。ジャニーは彼らをメインランドに立たせることで一応の目途は達した。

「見てくれ、チビで弱弱しいと卑下されたボクだが、今はジャパンを代表するスターのグループを成功させた。さあ、見てくれ。彼らは手の届かないスターで、唄って踊るエンターティナーなんだ。さあ見てくれ、彼らはボクの言うことなら何でも従う。ボクは彼らのボスなのだ」

おそらくこの時期（1960年代後半~70年代）、当時のジャニーはそんな心境だったのだ。後年私に、「ロスの街があんなにちっぽけだなんて思わなかった」と告白している。

第二次世界大戦の勃発で帰国子女となったジャニー一家は、関西（和歌山）の親類縁者の世話になった記録がある。

1931年10月生まれのジャニーは8歳前後の時期で、本名の擴からヒー坊と呼ばれるが、小柄で色の白い子供だった。明るく活発な姉のメリーは本名の泰子から、ヤッチャンと呼ばれたのと対照的な性格だった。

当時のジャニー少年は引き受け先の親類の男子から、性的行為をされたとの情報が上がった。

真偽は分からないが、私はジャニーとロサンゼルス取材に同行して、「ハイ、ジャニー！」と声を掛けられた時の恥じた印象で、ハイスクール時代からかは不明だが、現地の男子との交遊に想像を刺激されたものだ。

ジャニーの少年愛の契機が和歌山なのか、ロサンゼルスなのかは判別しがたいが、すでに少年期からジャニーの性向は推測の域を出ない。本質的に性癖を刺激される環境にあったのかもしれない。

そのときの取材時の私は（1976年6月）、取材旅行のついでにジャニーから思わぬ提案を受けた。

「コスガさん、ちょっと寄り道して行かない」

むろん、引き受けた。ロス郊外の一角にアパート（日本で呼ぶ中級マンション規模）へ向かった。西海岸の日盛りだったのを強烈に記憶するが建物の記憶は不思議に希薄だった。陽が射すエントランスから階段を上ると目指す部屋があった。だが住人は留守だった。

「兄（真一《まさかず》）の部屋なのよ」

帰り道、ジャニーは明かしたが、今まで公にしなかった兄をどうして紹介しようとしたのかは不明だ。が、わざわざ日本から取材者を伴って帰ってきたと胸を張るつもりではなかったろうが、ついにジャニーの本心は聞けなかった。

メリーとジャニーの真ん中の通称マー坊と呼ばれた彼は、米国宇宙局に勤務していると後に訊かされたが直接に会えなかったのは少し残念だった。ちなみに真一は50歳前後で大病を患い、姉のメリーは大金をはたいて真一を来日させ、日本の最新医学で治療を施したが、甲斐なく亡くなる。


それより以前の元祖ジャニーズのロサンゼルスへの凱旋。おそらくジャニーの胸は張り裂けそうなほど昂《たかぶ》っていたのかもしれない。当時、実はすでにグループ（フォーリーブス）内に亀裂が起き始めていたのだが、得意満面のジャニーにその気配を感知する余裕は私になかった。それほど、凱旋の歓喜、に身も心も打ち震えていたからだろうと思う。

人生最大の後悔と屈辱の裁判

前記のように1967年の裁判での中谷良は、「覚えていません」と繰り返し、明確に事実を答えなかった。「覚えていません」の言質は、過去にあった、という事実認定を曖昧にする表現と私は断じた。

「覚えていません」は、「事実を言いたくない」と表裏一体と考えて差し支えない。何かあるからこそ、記憶にないと述べるのだ。

何もなければ、「記憶はない」の陳述は、つまりは「知らない」と答えるはずだ。私は当初から、中谷の証言に疑義を拭えなかった。

ここで思いだすのは、先に記した2023年9月7日の記者会見の一問一答だ。新社長になった東山紀之の質問者との応答を思い出してみる。

「東山さんは過去にJr（ジュニア）に性的加害をしたことはないですか。現実にないですか」に対し、最初に「ありません」と即答し、次いで、「記憶にありません」と微妙に変化し、「覚えていません」と明らかに変わった一問一答にはすでに触れた。

くどいようだが、「覚えていない」のは、「事実関係に記憶がある」に等しい心理を如実に口外していると私は思う。そうした実録的な印象が付けられると考えて差し支えない。敢えて自分の過去の隠しておきたい事柄を詳細に説明するとは、東山は予測しなかったのか。

それはフリーパス（質問外）になると見限っていたのか。仮にそうだとしたら、東山の期待感は粉々になり、窮地に立たされる覚悟を用意すべきだった。「全くそのような（Ｊｒに対する行為）ことはありません」と最後まで言い切る潔さで乗り切るべきだったのだ。

「ないと思います」「なかったと思います」「よく覚えていません」の返答の流れは、明らかに真相を衝《つ》かれて返答に詰まる回路を想像させてしまう。

元祖ジャニーズは１９６４年８月に、前年（１９６３年１月）の第19回日劇ウエスタンカーニバル」に初出演して、当時の人気歌手の伊東ゆかりのバックダンサーで正式に世間へ公表され、その後、１９６４年８月に「若い涙」でデビュー。一気に人気を得ている。１９６５年４月、「焰のカーブ」（作・石原慎太郎）で本格ミュージカルを公開。

しかし渡米して帰国直後に突如解散する（1967年12月）。

この渡米期間中にジャニーとメンバー間で揉め事が発生する。歌唱を中心にしたいと主張する、あおい輝彦。ダンス中心を言って引かない飯野おさみ、メンバー間の相克《そうこく》を訴えて譲らない真家ひろみ、そして中谷良はジャニーとの関係で悩んでいた。これではグループ活動（ジャニーは常に、チーム、と呼んだ）が平坦に進むはずがない。元祖ジャニーズは正式デビューからわずか3年4か月で解散する。

中谷は暴露本のなかで、

「（1967年9月の）裁判の答えは嘘でした」という衝撃の発言を著書の中で記している。自分自身を偽ってしまったのです。人間として卑怯な行為をしてしまったのです」と告白し（既述）、更に」驚くべき真相を告白するのである。

裁判での証言には「台本」があった

「事前に答弁の言葉は決められていました。（略）私たちは自己防衛の念が、自分の心を閉じ込める手助けをしたのです（中谷の暴露本での一節より）」

成功したい。アメリカ映画「ウエストサイド・ストーリー」のダンスと歌の共演は自分たちのバラ色の未来だ。

それは幾度も繰り返すジャニー喜多川の言葉だった。

「ユーたちの将来は眩しいくらいの世界」

という繰り返し聞かされることに、少年たちの胸は甘い夢の世界に誘われた。

その魔法のような誘惑の結果、彼らはスターへの栄光の階段を一気に駆け上がっていくことになる。なんとも芸能界という世界は表面の華やかさが眩いだけに、隠蔽された裏面の暗黒部分は果てなく深い世界だと思うのである。

中谷良は苦渋の言葉を残す。

「結局はジャニー喜多川という男の将来の手助けをして、野放しにした形になり、犠牲者を増やしてしまったのです」

このときの中谷良の証言は実に実に重い。

今となってはと言える話ではあるが、最近の真相解明はまさに中谷の述懐に塗《まぶ》されている。中谷だけの責任ではないが、そうではあっても、前述の「結局は云々」以後の証言に根本があったと気が付く。

すでに半世紀以上前にジャニーの性加害は絶えなく行われていた。誰に止められるわけでもなく、故に数百人（千人単位の推測もある）の性の犠牲者を作り出してしまった。付言すれば、裁判での証言に「台本の台詞」を語らせるとは。これ以上の法律に対する悪行はない。否、人間の原点ともいうべき「信義」に対する反逆行為であるのだ。それを10代の少年たちに、彼らの目の前に「デビューさせる」という人参をぶら下げての強制行為。少年たちは身も心も震わせたに違いない。夢か、嘘か、どちらを選ぶと言われ、手を伸ばせば掴める「夢」を選んだとしか思えない。日本は法治国家だ。その根本を無視する行為を選ばせたジャニーの罪は大きいと言わざるを得ない。

そして中谷は最後に衝撃の告白を同書で綴る。
「私も、（元祖）ジャニーズのみんなも、全員ジャニーの犠牲者だったのです」と。言い切る言葉が何故か悲痛を超えて悲惨に聞こえる。

元祖ジャニーズがデビュー前にレッスンを積んだ新芸能学園とのトラブルは、ジャニー喜多川の人智にも劣るわいせつ行為が「原因」だったと中谷良は明確に証言する。

この証言がジャニー喜多川の「鬼畜の所業」の根本なのである。ならば、と今さらだが、この時期にジャニー喜多川の性加害が世間へ発表されていればと思っても詮ないが過去は戻らない。

そもそもの原点は東京・代々木公園だ。元祖ジャニーズの中谷良がアメリカ大使館軍事顧問（後年、本人は通訳と私に説明した）をしていた30歳のジャニーに声を掛けられた出会いが根源にある。

戦後十余年当時、文化・娯楽の復興が遅れていた日本のショービジネスに、ミュージカルを開花させたいとの野望がジャニーズの発端だが、指導者のジャニーの隠された性癖が、その栄光の裏面を暗黒に塗りたくられた「事実」が60年後の今、暴き出されたように思う。

被害者の多くの人（Ｊｒ）にとっては、「事実を知ってほしい」との「心の叫び」は重大だ。

元祖ジャニーズのメンバーだった中谷良の暴露発言は、ジャニーズ事務所の原石が出発点から汚されてきた「事実認定」そのものだ。

日本のステージに少年を主人公にしたミュージカルを開花させたい。そのジャニーの意気は壮大で日本人の多くは賛同した。

だが紆余曲折はあった。

元祖ジャニーズが渡米をした1967年、本来はアメリカの作詩作曲者の曲をレコーディングするはずだった(既述)。

しかし録音は中止になる。メンバー間で揉めたのだ。ダンスを進化させたい飯野おさみ、歌唱を進めたいあおい輝彦、ジャニーとの関係に悩む中谷、そして統一されないグループ活動に嫌気を露骨にする真家ひろみ。内実はバラバラだったのだが、ジャニーは結局、収束できなかった。

特に中谷の存在がグループのカギを握っていた。

後継のフォーリーブスの北公次とジャニーの関係性とよく似た展開を検証できる。人を好きになる行為は人間の特質だが、グループのなか一人とプロデューサーが親密な関係を結べば破局は当然だ。さすがのジャニーは以後、グループの特定のメンバーとの特別な関係を慎むようになるが、この事実以後、ジャニーズ事務所所属のタレントが、グループメンバーに特定して限定されなくなった点を私は留意する。

ジャニーの目線はどこへ向かったか。ジャニーはすぐに気づいたのだ。手元に溢れているではないか。合宿所と称するジャニーの住居の部屋に寝起きする「少年たち」の存在だ。彼らの澄んだ視線は、華やかなスポットライトに照らされた「自分の未来像」にしか向いていないに違いない。

「ジャニーズ」としてデビューを心待ちにする「Jr」の群像は、反面、皇帝である一人の人間の思惑に握られていた。それがジャニーズ事務所の閉ざされた暗黒の歴史だった気がする。事務所の歴史は（都内を幾度か転々としたが）、ジャニーの、ジャニーだけの楽園と見られる合宿所が原点だ。

ジャニーの甘い誘惑と絶妙の口説

ジャニーの口説（甘い誘惑）は、デビューを期待する少年たちの胸を躍らせ始めたが、眼に見えない仕掛けがあった。夜伽《よとぎ》の相手となる関門だ。それさえ通過すれば、夢は叶えられる。少年たちは光と影に揺れた。

当然だったろう。夢を追うか。現実の難関に耐えるか。二者択一しかない。夢は幻であっても可能性はあるが、瞑目して通過しなければ成就しない。ところが目の前の行為は試練そのものだ。

夢か試練か。そのための二者択一なんて比較できない。

元祖ジャニーズの崩壊はジャニーの夢の実現と、性的嗜好の葛藤にあった、と推測できる。そしてその取捨選択をせずにジャニーは、両方を手にすることが現実になったと錯覚した。

これが原点だと私は考えていたが、中谷良の告白本によって認定できた。そもそもジャニーズ事務所の旧姓の社名は、「Johnny&Associates」であった。

要約すれば、「ジャニー（喜多川）と仲間たち」である。

ジャニーズとはジャニー喜多川の仲間であり、仲間内での行為は秘密にされ、自由を謳歌できる場所の意味だ。

現実はジャニーが仲間たちを裏切る張本人だったとは。全く理に馴染まない。仲間を犠牲にした成功は認めないのが世の中の基軸。そのことの現実の意味を、今、ジャニーズ事務所も世間も問われている。ある意味で、日本の芸能界のみならず、関連する企業、取り扱ったマスメディア、すべての視点を同じにする時期を迎えていると自覚すべきだろう。

「ジャニー」の名称があるところ、常にジャニー喜多川の存在が背後にあるということになる。これまで日本国内で最高級の「ブランド」だったジャニーズの栄誉は、その創立者の所業《しょぎょう》によって当然に汚された。

ジャニーズ事務所ビルの正面を入ると、目に余る大きな「ジャニー喜多川」の肖像画が威風堂々と展示されていた。作者はデザイン関係に非凡の才能を持っている「嵐」の大野智。「世界に嵐を巻き起こすグループになれ！」との背景で名付けられたグループ名とは皮肉な結末に見える。

「J-POPのプレデター」、あるいは、「日本のスターメーカー」と表現されて海外に発信され、一流のニューヨーク・タイムズなどで広く知られたニュースは、皮肉にもかつて育ったアメリカ・ロサンゼルスでの凱旋を夢見たジャニーの生地のアメリカメディアである。

「プレデター」とは「捕食者」の意。取って食べる。まさに。

メディアの紆余曲折も同罪

それにしても日本のショービジネスに対するメディアの遅速は、相変わらずと自戒を込めて思わざるを得ない。

嫌な言葉がある。「忖度《そんたく》」だ。

何も芸能界に限った表現言語ではないが、ジャニーズ問題でのマスメディア、企業、広告事業者との付き合いの唐突感は否定しようがなかった。相手の立場も必要以上に考える意味（他人の立場を考慮する・岩波国語辞典）。本来よりも「必要以上」の配慮が忖度の背景に強く感じる配慮だと、今回のジャニーズ事件簿では印象が強い。

人付き合いでの配慮はそれなりに大切に思うが、必要以上の相手優先の心模様は余分な人間配慮と学ぶべきなのではないかとは感じる。

ジャニーに犯されたＪｒの悲痛な叫びを聞けば、忖度、などという社会通念上の単語は、ちっぽけなコメ粒ほどに感じてしまう。

本著は過去の告発本（暴露本）を縷々《るる》披歴する主旨はないが、以下の一文を眼にすれば否応なく彼らの苦しみが伝わると信じる。

「暗い部屋の窓明かりだけを頼りに薄めの観察が続く。ジャニーさんは私や他の人間の寝ていないことを知っている。この行為をわざと見せるべく、動きは大きくなるばかり（以下省略）」（平本淳也『ジャニーズのすべて＝少年愛の館』１９９６年４月刊・鹿砦社）。

まさにあざとい行為をジャニーは半世紀、暗闇の皇帝として君臨した。悲劇は、皇帝の残虐な悪行を知っていて黙認し続けた被害者（Ｊｒ）にもあるが、被害者は「弱み」を持っている。デビューへの指名権を専横的に所有し、暗闇を支配する皇帝が握っている現実に敵う手段は、「我慢すること」しかなかった。それしかなかったというのが本件の悲劇の根っ子だ。

彼らが皇帝ジャニーから、性的行為を要求される状況は半世紀以上前と変わらない。

被害を受けた当該者が数百人に上るとされるにも拘《かか》わらず、加害する人間は同一人物(後にジャニーズ事務所の会社員・マネージャーも加担した証言も出てきた)。

しかも繰り返される「行為」はジャニーの気分次第なのだ。

「横の仲間に行為を気付かせるようにする」。

ジャニーの行為が好色そのものに映るのは、行為の犠牲者を指名し、それが長期間続いた「指名する自由」の事実にあると思う。


性被害者は必死に忍耐した。何故か。

「ジャニーズとしてデビューする夢の実現のために」だ。

抱いた夢を実現したいがためにだ。

この「一瞬さえ我慢すれば。夢に辿り着ける」と。

あまりにも切ない。


気づかれた読者はいるであろう。ジャニーの行為は事務所開設当時から意図する目的が恒例になっていたのである。

「ジャニーはＪｒ（ジュニア）たちに、ユーたち、いつも夢を持て。夢をあきらめてはいけない」とささやき続けた、とかつて私はジャニーズタレントとしてデビューしたＥから聞いたことがある。

「夢は誰にも平等にある」の裏返しと解するが、そのために犠牲になるＪｒたちも夢を溢れるほど抱いている。だからこそ、夢の案内人と信じるジャニーを芯から頼った。彼らはジャニーしか見えなかった。

そのように行動をしろと指図したのは、ジャニーだったからである。それも身近にその指図を現実化できる人間、それはただ一人しか存在しない。その唯一の権力をジャニーは半世紀、振りかざした。

原因は少年たちがその人間を信じるしかなかったし、そのことの根本が悩ましく、許せないとしても、絶対多数の者が声音を揃えるのを待つしかなかったという、日本社会の病根だ。見て見ぬふりをする。知ってはいたが口には出さない。沈黙することで「今の事態のまま進行できる」。

ジャニーとメリーに仕事で関わる人間は沈黙を選択したが、その犠牲者は増え続けたのである。行為の首謀者と、見て見ぬ振りをした傍観者、弟ジャニーと姉メリーである。

「夢」が異なる事実に気づかないジャニーの悲劇

「ボクの愛するホームタウン（故郷）はメインランド（米国）。「だってそこには、夢、があった」とジャニーは私に何度も明かしたものだ。

そのメインランド（米国）に、奇しくも60年前の名言が遺産として残る。

1963年8月28日、二十万とも三十万人と伝えられる「ワシントン大行進」での公民権運動指導者マーチン・ルーサー・キングが、「アイ・ハブ・ア・ドリーム（私には夢がある）」の歴史に残る名演説を思い出す。

ジャニーの夢は、「日本のステージに華やかなミュージカルの舞台を開花させること」と言い切ったものだが、その主旨は認められる。しかし、その用途が人智に劣る志向だったのと対照的に、同じホームグラウンド（故郷）を胸に抱くキング牧師の夢と、異常な性加害者とは比べるのも憚れるが、「ボクの故郷はアメリカ（ロサンゼルス）」とジャニーは色白の頬をやや赤らめて私に幾度も言い放った。それを今では記憶から抹消したい。

キング師の演説は次のように続く。

「いつの日か、あのジョージアの赤い土の上で、かつての奴隷の息子と、かつての奴隷所有者の息子が同じテーブルに座れる日の来ることを。云々」

ジャニー喜多川の「鬼畜行為」に触れるに際し、人間の原点が違う比例を記したが、全く意識の根源が異なるのは承知でここに記した。

「ユーたち、夢を忘れるな」のジャニーの言い草と、「性加害」という常識外れの露見が私の意識に重なったからである。

その4

ジャニーズ事務所の錬金術

創成期から変わらない金銭感覚

1982年10月16日、デビューしたばかり（同年5月「NAI・NAI16シックスティーン」）のシブがき隊（薬丸裕英・本木雅弘・布川敏和）の「女子学生死亡事件が起きたのは、同年10月16日だ。

人気が沸騰した3人組にファンが殺到した結果、ファンの一人が亡くなった事件である。当然、事務所の管理を請け負うメリーが駆けずりまわって、事の対処をしたのも社会的な外聞を畏《おそ》れたのと、事務所サイドに有利に運べる補償交渉だったろう。こういう危機を乗り切るメリーの機知と即効力は人並外れている。彼女の迷いのない行動にこそ、納得できる金額を言い出せるという打算が、素早い行動に彼女自身の、そしてジャニーズ事務所の金銭管理に対する姿勢が明解に分かる。

それを私は、「メリーの金銭の掟」と勝手に呼ぶ。

メリーは金銭管理に事務所創業以来、殊《こと》の外《ほか》、厳しかった。一つには、ジャニーが金銭管理に不向きだったのだ。未知の少年の未来を予想できても、金銭を増やす能力には欠けたのだ。

二つには、喜多川家の資産増大を意図したのである。

ジャニーズ事務所が独占的な家族経営と卑語《ひご》されようが、基盤は喜多川家（後に藤島家）の財産増大が第一義であって、絶対に揺るがせなかったのだ。そのための工面をメリーは惜しまなかったといっていい。その流れで「ウチの子」と称するジャニーズタレントへの報酬は厳しく裁断した。

そのために税金問題が何度か起きているが、ここでの詳細は略しておく。可愛がった北公次（フォーリーブス）はギャラなどの収支を引退まで一切、メリーに一任させた。だから引退時の北はギャラの金額を知らなかったし、その間、クスリ（覚醒剤）にあてた金や、競走馬の購入などで大金が必要な時はメリーが融通した。

実際は本来の「融通」とは意味が異なる。北公次が稼いだ貯金のなかからメリーが支払ったからだが、メリーからの『援助（融通）』では意味を成さない。北が引退をした時の彼の通帳にはほとんど残金がなかった。さすがに北本人は唖然としたが、メリーは支払い明細を一切、明かさなかったという。

元祖ジャニーズは交通費や食費は自腹で、給料はデビュー2年目で2万円（現在の実質で約10万円程度か）。1ステージに80万円（既述）だったのを、「25万円と聞いていた」とあおい輝彦が裁判で証言しているので、事務所からはジャニーズタレントに正確な金額などを報告していなかったと分かる。この悪しき習慣が以後のジャニーズ事務所の「奥の院」と呼ばれる「闇の正体」となる。

メリーは絶対に「奥の院の財産項目」が置かれる扉を家族以外に開いて見せなかった、というスタンスが奥の院と呼ばれる伝説となったのだ。

ところで、「100％SOかもね」（1982年7月）や「スシ食いねェ」（1986年2月）などのヒット曲を飛ばしたシブがき隊は、案外に活動期間は短く、1988年11月に活動を閉じる。

彼らは「解散」ではなく、「解隊」と称したが、彼らを例に挙げたのは、「1千万円闘争」という金銭闘争があるのだ。この闘争はジャニーズ事務所の決して世に出さない秘《ひ》匿《とく》でなければならない事項の一つだ。

ジャニーズタレントはTV局番組で他の芸能事務所の歌手やタレントと接触がある。当然にやはり情報交換は金銭闘争である。シブがき隊の彼らは情報を入手して、現在のジャニーズ事務所からのギャラがあまりに低額であることに愕然とし、「ギャラとして1千万円（3人分）欲しい」とメリーに申し込んだ。

従来のジャニーズ事務所のルールは、「メリーの掟」（既述）があって頑として揺れがない。一度、ギャラ問題での後退は事務所本体の基礎を揺るがしかねない問題だった。メリーは金銭の問題が表面に露見されるのを畏《おそ》れた。

すべて大丈夫。ワタシ（メリー）がやっていることだからと。

ジャニーズ事務所の金銭問題はほとんどメリーの判断で処置された。

「だから私に任せておいて」と。

この一言で事務所内の経理は処理された。

それでも他の事務所の実数を仕入れたシブがき隊の3人は、闘争を開始し、譲らなかった。予測するに、3人が仕入れた情報と現実の自分たちのギャランティーがあまりにかけ離れていると確信したからだろう。

しかしメリーは受け付けず、こう言い放った。

「わずか10代のタレントに100万円、200万円という金額を支払うのは社会的に非常識。しかも10万円とか20万円といったお金を持たせただけで子供たちはおかしくなる。（マスコミに対して）そう思いませんか」と啖呵を切ったのだ。記者連中は呆然と返答しない。話の起点があまりに違い過ぎると思ったからなのは常識的に推測するが、その視点が世間と論点が異なろうと、メリーは己の考えを曲げることはしなかった。

確かに10代での100万や200万は大金だが、ギャラ闘争とは筋は違うと私に強い違和感がある。大金を稼がせている黒幕は誰なのかという根本のことだ。マスコミ相手に答えを問い質すあたりがメリーの真骨頂である。入り込んだ結論を相手に投げ出す話術はメリーの独壇場であるからだ。労働の対価は契約で署名したことに順じるのが常識なのだが。

考えてみれば、10代の男子に100万、200万の商売をさせるのは誰なのかの視点をメリーは気づかない。だからシブがき隊が呈示した問題とは論旨が違う。一般の常識論と離れた「ギャラ（出演料）」と比較しても、価値観が異なるので、メリー独特の論理は成り立たず、外見を装う言い訳に聞こえたものだが、メリーは意に介さず自分の考えを常に押し通した。

ジャニーズ王国を切り盛りするのはワタシ、と啖呵を切ったように私に感じられた経験は一度や二度ではなかったのである。

シブがき隊はデビュー後、人気を保ったまま、デビュー約6年で活動を停止した。結局は金銭問題が契機になった。メリーは当時、喜多川家の財産形成に役立っていた貴重な金脈の一つを失った。

ところで彼らの大先輩フォーリーブスは、初期のころは月3万円（個人）、デビューしてから解散する時期の10年後に50万円（個人）を貰い、解散後に200万円（各人）

を受け取った（青山孝史談）。

「でも解散してカネが残ったメンバーはいなかった」とも青山は代弁する。

アイドル全盛期のトップを10年近く保ったフォーリーブス（１９７８年解散）でさえ、実情はそのような状態だった。

メリーが背負う最大の弱点

ここに掲げた事例は半世紀のジャニーズ暗黒史のほんの一部に過ぎない。それはメリーの常識を無視する「財政感覚」に重なる。

タレント育成は弟ジャニーにまかせ、メリーは金の工面を含め金庫番として事務所を仕切った。

ジャニーによってスターを次々と生み、名実ともにジャニーズ事務所は芸能界において絶対的な力と収入を持つことができるようになった。

すべては、ジャニーの少年愛に起因する商才であることを、姉のメリーは百も承知だった。

「少年しか愛することができない」

メリーは弟の性向を知っていた。そしてまた知っていたが忠告は出来なかった。何故か。

それは築き上げてきた「ジャニーズ帝国」、あるいは「喜多川家の財産」を積み上げる唯一最大の手立てが、根底から崩壊を意味すると知るのだ。

さすがにこの問題を目前にする時、メリーの威勢のいい啖呵は胸内に沈んだはずだ。

「弟は病気なのよ」と親しい人にはそれを切り札にした。

詳細は不明だが、おそらく元祖ジャニーズ時代には認知していたが、実態は「それほど重大ではない」、と甘い見通しだったのは、少年たちの先輩のジャニーズタレントからも直接、性被害に関する報告を受けなかったからであろう。性加害を受けた少年たちも将来のことを考えると泣き寝入りをするしかなかったのだろう。事の中身は「性加害」だが、しかも彼らの「将来」と天秤にかけられる事案なのだ。言いだせる環境ではないのは当然だったろう。

それにしても彼女の金銭への圧倒的な処理能力がなくしては、ジャニーズ事務所は成り立たない。それが常にアイドル100人超を擁する「ジャニーズブランド」の実態だった。

メリーの金銭への執着が失くしてジャニーズ帝国は成り立たないと言っても過言ではなかった。だからメリーにとっての、「ジャニーズは断固としてウチの子」なのである。ウチの子だからこそ稼いでくれる。この後半には「わが喜多川家の蓄財のため」にといった内心に隠した本音が続くが、利口な彼女はそのことを決して口外することはない。だからジャニーズ事務所の金庫は、「閉ざされた奥の院」と私は呼ぶのである。

ジャニーズ事務所最大の財政危機

半世紀、全盛を謳歌したジャニーズ事務所だが、財政危機に襲われた時期があった。1975年から1978年に掛けての時期だ。

プライドの高いメリーは当時、決して口外することはなかったが、彼女の急な動きを察知したマスコミはいなかったものの、私には予感が働いた時期がある。

関西（和歌山・姫路）へ疾駆した件だ。当時、タレントの「黒塗り（満杯の意味）」

のスケジュール管理を厳命していたメリーが事務所に寄りつかないのを、私は妙に疑問になった時期があった。その当時に何度目かに事務所へ行った時、事務員の不意に洩らした一言に耳をそばだてたものである。

「副社長（メリー）はちょっと西へ出かけています」

メリーとジャニーの日本語に微妙に関西訛りがあったのを思い出し、第二次世界大戦が勃発する前に日本へ家族（喜多川家5人）が帰り、関西地方の親戚宅に身をよせていたという言質《げんち》をジャニーから仕入れていた。

もしかしたら、その人物に会いに行ったのではないか。私は当の親戚宅を見つけられなかったが、三度目のメリーの帰京直後、「お帰りなさい。関西は暑かったでしょう」とカマを掛けたのだ。どうせメリーは正体を見せないとの予測からだった。

当地には富裕家で戦後政治にも一部暗躍した人物K（匿名）が、メリーの遠い親戚で居る。「関西は暑かったですか」とカマをかけたのはその情報を、私が心得ていたせいだ。

勘のいいメリーは無言のままだったが、かすかに唇をふるわせたのを記憶する。おそらく「金策」に違いないと感じ、金銭の手立てが成就したのだと私の直感が教えた。敢えて無言のときのメリーの内心は、常に現実重視で見通しが立った時なのである。

この時期のメリーの「関西詣で」がなければ、その後のジャニーズ事務所は存在しなかったと私は確信する。自尊心の高いメリーはその話題を禁忌《きんき》にしたのはそのせいかと私が考えたのも彼女の自尊心の高さを知るからであった。


メリーの経済的心労の要点は郷ひろみの移籍（1975年）とフォーリーブスの解散（1978年8月）直後に該当すると感じた。事務所の収益が一気に減ったからではないかと推測できたからだ。

顛末は、前記のように突然、メリーの姿が東京から消えた。どうやら関西地方へ飛んだらしいとの情報が入ったが行先は定かでなかった。当時は結構、仕事の現場に姿を見せていたメリーだけに周囲は心配した。

所属タレントに対するギャラの支払いにシビアなメリーだが、この時期の「関西参り」は経営的に危機一髪の状態が現実的な背景だったからである。

崖淵に追い込まれたメリーは動かざるを得なかった。このとき後に、藤島家（ジュリーの父親の藤島泰輔氏の実家）からも援助を受けたが、機敏な手回しが必要な時は、いつもメリーが素早く動いた。

この時の事務所経営は、今では考えられない経済的危機に追い込まれる事情があったのだと考える。実態は事務所倒産が業界内部で噂されたからだった。それほど緊急を要したこともある。要は事務所経営が逼迫した経済状態に迫られていたことになる。


「その裏側」はこうだ。事務所の運営で絶対に外部へ漏洩してはならないその時期は、ジャニーの性加害と並ぶ「ジャニーズ最大のタブー」だった。裏返しに書けば、人一倍に自尊心が高いメリーの「女の意地」だった。そのことをどこで嗅ぎつけたのか。油断ならないメディアがいるとメリーは警戒心を募らせた。私のことである。

端的に言ってみれば、このときの危機一髪を逃れたことで、ジャニーズ事務所は今日の繁栄を誇れたと言えるだろう。だからこそ、この時期の「借金」の裏事実をメリーは徹底して隠匿した。ジャニーズ最大の暗黒時代の「隠し事」だったからである。それを少しだけ知っているような「男」がいる。私である。

私は風水（四柱推命）に関心があったが、実はメリーが占い（風水）に凝りだしたと聞いたのはこの時期直後であった。仕事で会う約束も時間と日数は風水に頼った。

以来、メリーはそれまで以上に私の前での内輪の話を避けるようになった気がする。私はトップ記事を狙う記者ではなかったが、メリーは、臭《くさ》いモノには蓋《ふた》をしておくというような警戒心を垣間見せるようになる。

「ワタシは真っ白なスケジュール表を見るのが嫌い」

当時（1960年代後半から70年代へ掛けての時代）のメリーの本音を私は忘れない。「スケジュール表は常に真っ黒でなければならない」が決まり文句。

それによって怪我をしていたジャニーズのタレントをスケジュール通りに出演させたこともあった。それが退社の原因の一つになったビッグタレントもいる。もっとも当のビッグタレントは実家の借金や、なによりジャニーとの師弟関係もあったが、ここでは直接的な関わりが明らかではないので省略する。

メリー喜多川泰子（藤島）を傍から見聞しての著書（『女帝メリー喜多川』青志社刊）で詳細に記しているので、ここでは省いておきたい。

メリー主義の功罪が事務所の命運

ジャニーズタレントは「働くのが義務」。

メリー主義は私にそのように思えたし、納得させた。それが現実、事実だったと考察するので私なりに彼女の生き方を「メリー主義」と称している。

ところで、事務所の金銭関係の話題で何故にジャニーの存在が希薄なのかを、一応、記しておかなくては均衡を保てないだろうか。

実はジャニー、金銭に関してほとんど無欲に見えるのだ。彼との仕事上での付き合いで「金銭」の話が出たことがない。

見たことはないが、おそらく何十万円を無造作にポケットにしまっているのかも知れないが、金銭に関しての欲望をほとんど（あるいはまったく）無関心に見えた。ジャニーの欲望はミュージカルの構成・演出と、不謹慎な言い方になるが毎夜の指名にあったのかもしれない。

前記したように東京・赤坂の大箱（クラブ）へ誘ったら予想外なことに承諾したので同行したことがあった。酒は飲まなかったが小一時間、席でホステスと会話していた

（ジャニーは無口だったが、不機嫌ではなかったように見えた）が、費用を払うと言い出したので慌てて制止した。誘ったこちらが当然に支払う側だ。おそらくジャニーはJrを連れて、当時の地下鉄丸ノ内線赤坂見附駅前の焼肉店で豪勢に振る舞うのが本懐であったろう。そんなこんなで私の知る限り、ジャニーは金銭に関して無欲だったと思う。

反してメリーである。弟ジャニーの金銭に関しては淡白で無欲な性向に反するように、圧倒的な財産を形成した力業《ちからわざ》は男勝りだった。仮にジャニーも金食い虫のように浪費家だったら、ジャニーズ事務所の土台はメリー単独の努力では持ちこたえられなかったろう。

それゆえ、ジャニーズタレントが自分の懐《ふところ》にいると実感する限り、メリーは全力で彼らを庇護した。親鳥が雛を死守するように徹底して庇護した。財産の基盤が彼ら（ジャニーズタレント）だったと認識するからだが、しかし裏面から考察すれば回答は単純だ。ジャニーズ事務所の経済の基盤を築いてくれるのが、ジャニーズタレントであるのは明白。大事にするのは当然の生き方なのだ、と見えるからである。

故に、ジャニーズタレントの名称を外され退所したタレントは徹底して無視し、排除にかかる。その例は多岐にわたるのでここでの詳細は省くが、要するに、事務所の、もっと言えば喜多川家のプラスにならないからである。メリーの根幹はこの固定観念に根差し、異常なほどに強固なのだ。タレントが怪我をしても「顔だけはみせなさい」と日程を回避しなかった。こんなとき私は繰り返しになるが、メリーと最初に東京の日劇（当時）で会った時の口癖が忘れられない。

「真っ白なスケジュールは好きじゃない。日程表は黒ければ黒いほど、グッドジョブなのよ」の本音がよみがえるのである。

端的には、彼女の私心のすべてが「喜多川家の繁栄」にあったのだ。

誰でも自分の一家繁栄は最大の望み。その心理は当然だがメリーにとってはそれがジャニーズタレントの産みだす利益だった。タレントのイメージアップはジャニーの受け持ちと割り切るドライさも彼女の特質だ。

ところが実際は、半世紀を懸けての資産築盛は、ジャニーズタレントに対する徹底した利益配分の不公平さにあるというのでは話が違うと思う。

2023年9月13日、新体制のジャニーズ事務所は所属するタレントに対し、出演の全額を本人のみに支払うと発表した（前記）。芸能事務所としての立ち位置を一時的に放棄するというのである。しかし発表が如何にも唐突に感じる。仮にメリーは聞いたら卒倒したかも知れない発表に私は思わず、苦笑せざるを得ない。

事務所の創業者の「鬼畜の所業」に対する謝罪のためなのか、それとも、圧倒的な配分の不平等（今回の発表では事務所の取り分が7割、本人が3割と判明）の是正のためなのかは真相を明らかにしていない。

これでは「芸能事務所」としての機能不全ではないか。そのぶん、性被害者の補償に当てるという意図らしいが、具体的対策の実施は実にこれからのことだ。

唐突に発表された「7割＆3割」の不平等さに驚きはしたが、将来どうなるのかは現段階（2023年9月現在）では未定だ。

事務所には脱税問題も過去、幾度と起きた。数年前に明らかになった当時、事務所（事実上はメリー喜多川の差配）は所属タレントに「お年玉」と称して、分配金を渡し、それが税に関しての脱税問題に抵触するのかと問題になった（実際は全体的に5000万円前後）が法的処分はなかった。それにしても金銭の「やり取り」の不明朗さは隠しようがない。「タレントにお年玉」は泣きじゃくる幼児に「飴玉」を与えるかのような印象がするのはどうしても避けられないからだ。

それがどうだろう。公的に知られる所有不動産の合計は概算約320億円。もっとも高額はMTBビル107億円・推定（渋谷区渋谷3丁目）、パークウェースクエア3・86億5千万円・推定（渋谷区神南）、パークスクエア1（渋谷区神南1丁目）41億円・推定など10戸以上に達すると、かつてのジャニーズ事務所の宿敵の週刊誌にすっぱ抜かれた。（「週刊文春2023年9月21日号」一部参照）。

メリーの蓄財術はけた外れと見ざるを得ない。その資産は後の3世代（あるいはそれ以上）」が遣いきれない額であり、まさに新・日本の富裕層の仲間入りを果たしたことはこれらの資産内容が証明する。

問題はこれからである。資産形成は人間にとって欲望の一つだが、逃れられない問題がジャニーズの喜多川家（現在は藤島家）が受け継ぐはずの財産の形成過程にある。自己財産とはいえ、何をしても構わない訳ではない。増してや、性加害者がその財産の基礎を築いたとあっては許されることはない。

巨額の財産の黒い履歴書

前述したように問題は、初期投資以後の財源の根拠が、事務所の創業者の前代未聞の「性加害」であることだ。「決して人間として許されない、消えない事実」がジャニーズ事務所に残るのは逃れられない。歴史にも刻まれる。

ある一定の蓄財を経ての財産増大は、メリーの経済観念に根拠するが、元来の前提が「性加害」にあるとなれば話は別だろう。だからこそ、その前提を見込んだメリーはジャニーが亡くなった（2019年7月）以後、娘を公的に後継者として指名した。当然、黒い歴史を背負った「巨額の資産」を「負債」としないためにと。

だからか、メリーは生前、一切の資産運営を口にすることなく、その基礎となるジャニーズ活動を見守る姿勢を貫いた。

何故か。

ジャニーズ（喜多川家）の資産の「根拠」を知り尽くすからだが、世間の風潮は依然として当然ながら厳しいのを知るからであった。

メリーは手元に入る金銭を合法的に蓄財し、それを「喜多川家」の財産としたが、おそらく憂鬱な気分を拭えなかった、に違いない。

その要点は、常に「カネ」の背後に付きまとう「黒い事実」にあったのは違いない。

黒い事実（少年への強制性行為）の正体を知っていたからだ。

2歳にして母を失った弟（ジャニー）へ注いだ母性愛が、後年、彼女の口を黙らせたのだと私は見る。同時に帰国者の悲哀を堪えて手に入れた「日本の富裕層」の栄誉を手ばなしてなるものかと必死に蓄財に励んだのは、「弟」の卑劣な所業を心の内から追い出すためと推測する。否、忘却することは無理でも、その果てに「黒い歴史」の痕跡を遺棄することは可能と自分勝手に思ったかもしれない。ジャニーの長年の「性加害」を犯罪と認識しつつ、財産を膨らませて行った過程を守るのは自分の生きざまだったし、過去を肯定するためのものだった。

以前、メリーは親しい人に、「弟は病気ですから（既述）」と打ち明けたという。相手は有名作曲家の夫人というのが芸能界雀《すずめ》に知れわたった。

メリーはこの話からもジャニーの大分以前から性的嗜好を知っていたに違いない。

「性的行為」の正体も感知していたと私は思う。

では何故、「注意」、「忠告」できなかったのか。

現実的な背景は何度も触れてきたように、ジャニーズの基盤を決定的に揺るがしてしまうからだ。頭脳明晰なメリーは弟の性嗜好と、事務所（喜多川家の資産）の財政を天秤にかけた。

結果は目に見えている。ジャニーへの警告が無駄な行為であることを知っていた。人間の性衝動は抑えられるものではない。ましてや、少年愛という少数派マイノリティに属する性向である。抑圧すればそれだけでジャニーは迷走し、あるいは暴走するかもしれない。「それだけは絶対、やらせてはならない」

メリーは天秤にかけてジャニーの暴走を何より恐れた。事務所の基盤が決定的に崩壊すると見通すからだ。

「黙認するしかない」

私はメリーが彼女なりにも苦しんだと思うが、その苦しみは性被害者に比べれば天と地ほどの違いであったろう。

絶対に他人に知らせてはならない秘密はだれにでもあるのだから。

メリーが弟の性加害をそのように考えたとしたら、やはり真っ当ではない。

当時から、メリーが「犯罪行為」と明確に認識していたかどうかは分からないが（本音としては、おそらく安易に容認したくなかったろう）、隠蔽し続けなければと考え、黙認へと舵を切り、長年実行した。この時点でメリーは彼女なりに苦悩したかも知れないが、それはお門違いというものだ。

ある意味、共犯者だった気がしていたかもしれない。それが苦しみの原点だったろう。反社会的な性向は許されないし、このニッポンでの性的嗜好への潔癖さは再来日して身に染みている。


「絶対にファンに手を出してはダメ」

これをメリーは事務所の創業初期から、ジャニーズタレントに徹底したのを知るが、これは未成年が多かったファン層は「親に養ってもらう実態が多い」のを知るからで、ファンよりも、親の存在を畏《おそ》れたと私は感じた。

それは、ニッポン人の国民性と社会観念を知る父親から教え込まれてきたからだ。メリーが尊敬していた父の喜多川諦道は真言密教の導師だった。礼儀に厳しく、人生の居ずまいを幼少期から教えられて育った。なかでもニッポン人の国民性についてのレクチャー（導師の訓え）を利発なメリーは身に染みて覚えた。

だからこそ、口外できない身内の性向に悩んだ。

メリーの虚言の真実と娘ジュリー

ジャニーの性癖に気づかなかったとメリーが主張したとしても、それは通らない気がする。事実を知っているが注意できない。端的に言えば、財産の積み重ねが不能になるからだ。それだけは決して手放したくない。それがメリーの起点だったからである。まさに彼女自身には切歯扼腕《せっしやくわん》とはこのことだったろう。

メリーは表面上、「弟ジャニーの性向は知らない」を主張したが、親しい人には、「弟は病気なのです」で一貫した。その言い訳がおそらくメリーにとっての気持ちが治まる言い草だった。「だってそれ以上、言いようがないじゃない」と。

実は問題はこれ以後のことだ。現実に「弟の病気」で事はおさまりきれないほど膨れ上がっている。メリーが生前に想像していた人数を遥かに越えていたこと。その被害者は長年、心の疵に悩まされ、神経を病んだ被害者もいる。フラッシュバックして生きる意味を喪失しかかった被害者もいる。娘のジュリー喜多川が記者会見で、単に「ごめんなさい。ご迷惑をかけました」で済む問題ではない。しかも情報によれば、その当人は会見直後に常夏のハワイへ飛んだという。休暇だと思うが、涙を見せて頭を垂れた仕種は、この深刻な社会的問題をあまりに軽々しく思っていないのか。

休暇でハワイへ行くのは何の問題もない。しかし、今や芸能界だけではなく、日本の政治・経済にまで問題が波及している。その事務所の最高責任者が、涙の記者会見から速攻で常夏の島へ休暇を求める行動に納得する人はいない。どのように贔屓《ひいき》目に見ても、メリーの後継のジュリーの佇《たたず》まいは常識を外れている。ハワイは逃げない。補償問題がある程度、一段落してからでも。

これではますます世間の眼は厳しくなると私は思う。

メリーからのジャニーへの性加害の忠告は、同時にジャニーズ事務所経営の限界を示し、姉弟の関係の亀裂を意味する。さて、忠告をする？

何をどのように忠告できたのか。そのことをメリーは危惧せざるを得なかったにちがいない。滅多にジャニーズファンの前に姿を現さない彼女は、シャドーウーマン（影の女）のポジションを自分の定位置と意識し、１９６２年の事務所創業時から心得ていた。

あくまでフラッシュを浴びるのは、ジャニーが発見し、育て、世に送ったジャニーズアイドルでなければならない。賢いメリーはその立ち位置を守ることで事務所の繁栄を確信してきたからである。しかし絶望的な問題が発生した。しかも自分はずっと前から知っていた。その事実をどうするのか？


でもその核心は何かと思うと憂鬱だったろう。

巨額のカネを産みだすジャニーズタレントでありながら、彼らを生み出すのがジャニーの少年愛だ。では何故にジャニーの源泉を壊す必要があるのか。メリーは資産育成に身を置いた。早計かも知れないが背負う「罪意識」は同等だったと感じたかは分からない。喜多川姉弟はおなじ方向性で歩いてきたのだ。ジャニーによる多くの犠牲者を踏み台にして。全盛を極めた事務所は彼ら姉弟が亡くなったあとも、創業61年を迎えてこれた。しかし姉弟の晩年は不幸だった。行き交いが途絶えたからである。藤島ジュリーも「晩年の叔父」との交流はなかった。皮肉な家族主義（ファミリー意識）の晩節だったのである。

奥の院を支えるジャニーズファミリー・クラブ

事務所の隠し金庫はジャニーズファミリー・クラブの存在だ。要は・・・・・・・・ジャニーズ応援隊のことだが、それからの収入が毎年物凄い。

付け加えれば、ファン組織のジャニーズファミリー・クラブの存在がある。金額は推定だが、会員1300万人、1年で約520億円になる（入会金1000円・年会費4000円）。1分間で全国公演のチケットがソールドアウトするというジャニーズ公演。そのチケット購入を可能にするため、親子で入る会員も多い。しかも各グループ別に入会を競わせるとの噂を聞く。CDも発売の瞬間に第一位を獲得するのは、同ファミリー内の競争原理だ。長年、税金関係で子飼いの古い女性I氏（社員）を責任者に抜擢したのもメリーの知恵だった。金の管理の徹底さ故だ。

こうした現状を鑑みれば、約40数年前のメリーの「関西詣」がなければジャニーズ帝国は「幻の城」だったたと見る。

この事実は、ジャニーズ61年の暗闘史で最大のインパクトがある「事実」としても可能と考える。当の後援会組織の成り立ちの事実こそ、ジャニーズ事務所最大の財産形成のエポックメーキングだ、と私は見ている。

数年前、クラブの条項などの会員への規制で、所轄官庁からの注意があった（2019年7月）こともある。

だがまさにポイントは、こうだ。「金とカネのめぐりあいが、ジャニーズの重く閉鎖された奥の院の実態」だったし、だからこそ本体の実数は隠蔽され続けたと解る。

その5
事務所の隠された履歴

メリーの誤解と失敗・豊川誕の夜

本著の流れで、ジャニーズ暗闘史に当然に深くかかわったジャニー喜多川の姉、メリーに関しての史実を続ける。

ジャニーズアイドルのデビュー発表はジャニーが決めた。それが彼の専権事項であって生き甲斐だったのだ。それをメリーが2度侵したことがある。

1975年はジャニーズ事務所が法人化され（法人登記）、勢いを意識し始める時代だったがある意味、記念すべきその年の3月、異端児の豊川誕がデビューした陰に、メリーの陰謀が蠢《うごめ》いた。

「この子、絶対に売れる」

メリーは幼い顔立ちに憂いを含んだ瞳、どこか孤独感を漂わせる雰囲気を持つ豊川に本能で「この子はイケる」と評価し、ジャニーの背を押した。ジャニー自身は事務所のイメージする「明るく健康的で元気なイメージ」を主題にしたので、豊川の持つ陰気な雰囲気は気持ちが入らなかった（もっとも、私生活では豊川の場慣れした所作は気に入っていた。豊川は水商売を経験し、ホモセクシャルを経験していた）。

しかし、メリーは女心を刺激する豊川の佇《たたず》まいにすっかり騙されたのだ。「ボクは気が進まない」とジャニーは後ろむきだったが、事務所経営を管轄するメリーは、内心の焦りを隠せなかった。

1972年（「男の子女の子」）でデビューした郷ひろみは一躍、アイドルNO1となったがメリーは事務所経営に満足できなかった。はっきり言えば、不安だった。「もっと誰かいないの？」と焦ったメリーの目に留まったのが、後の豊川誕だ。

豊川はジャニーの夜伽の相手として重宝されていたのだが、その正体が露見しない前、メリーの逸《はや》る気持ちに忍び込むのだ。

寡黙で無駄口を叩かない性格も、最愛のジャニーズとして愛した北公次（フォーリーブス）の面影を匂わした。「絶対に売れる」のメリーの言葉をジャニーは信じなかったが、事務所事情でデビューに合意する。

経済的に立ちいかなければ、ジャニーズは崩壊する。

幾ら金銭に疎いジャニーでも身に染みている。メリーの「豊川誕押し」に納得できないまま、認めるしかなかった。

豊川誕の芸名はメリーが付けた。しかもギミックを付加して。

ギミックとは、作り話のことで、要するに「嘘」である。その内容は、「豊川稲荷に捨てられて、親の顔は知らず養護施設で育てられた」というあきらかに「嘘」の売り文句をメリーが先導した。

よりによって「神社に捨てられていた少年」とは、ギミックにしても破天荒だ。だが寂しげな豊川の横顔には孤独の陰を感じたのは事実だ。

メリーにとってはそれだけで十分だった。親を知らない孤独な少年。そのイメージはそれ以前も、それ以後もジャニーズタレントのイメージから外れたのは、ジャニーが嫌ったのだ。「明るく健康的」がジャニーのコンセプトなのである。豊川はまったく正反対のイメージ作りだった。

豊川の孤独な表情は夜の商売を経験し、同性愛的な経験を経てきた過去の素顔だった。それをジャニーは見抜いていたからでもある。

「少年の顔の30年、40年後の顔が暗示できる」とはジャニーの哲学だが、最も、好きな少年でなければ、の条件をジャニーは常に忘れなかったのだ。

豊川はジャニーのタレントとして好みではなかったが、夜伽の相手としては最良だったようだ。経験豊富な豊川が「ジャニーに気に入られるように」演技をしたからだ。ジャニーにとっては当座、それでよかった。

豊川はジャニーとの初体験から1週間後、早くもステージに上がる許可を得た。しかも人気絶頂の郷ひろみのバックダンサーの一人にしてである。

豊川の立身出世はメリーの働きがバック（後ろ盾）にあったのだ。

ジャニーがメリーの意見を取り入れたのは、めずらしい、と周囲の人間も驚きを隠さなかった。

現実的には（1975年3月）は、人気絶頂を過ぎつつあるフォーリーブスの梃《てこ》入れと、絶大なアイドル人気を爆発する郷ひろみのかかりっきりの演出にエネルギーを費やした事情もあった（後にその疲労で十二指腸潰瘍を患う）。

メリーの手腕に任せた豊川のデビュー曲「汚れなき悪戯」、2曲目の「星めぐり」は豊川の陰気なイメージに沿って一応のヒットを記録する。

「そらごらんなさい」得意満面のメリーであったが、やはりというべきか、豊川の化けの皮が剥がれてしまう。

メリーは鼻高だかに胸を反らしたが、ジャニーは乗らなかった。

「第一にジャニーズの明るさがない」。これではイメージダウンだと感じたが、当時は人気を保つフォーリーブスと、人気絶頂を迎える寸前の郷ひろみにかかりきりだったので豊川にまで目が届かなかった。

それに加え、ジャニーはどこか、豊川が隠し持つ「暗い目つき」が気になっていた。少年の性根の心を読むジャニーならではの「危惧」だったと私は感じた。案の定、ジャニーの予感が現実となる。

豊川の裏切り行為、つまり契約途中での退所だ。ジャニーズタレントはメリーのアメリカ式契約を重視して、契約違反には厳しい処置をとる。豊川はメリーの配慮があったかは不明だが、別の事務所に移籍する。

メリーの大誤算

問題が起きたのはデビューの3年目だったのである。当の豊川が真剣に毎日の仕事に向き合わなくなり、同時に、ギミック（作り話）のインタビューに本音を言いだそうとしたこともある。契約は5年だったが3年で首を切られた。

このときのメリーの怒りは外部に一切、洩らされなかったが、すさまじい罵詈雑言であったという。それはそうだろう、豊川のデビューに関してジャニーの反対を押し切り、レコード会社を巻き込んでの独断だった。なにもかもメリーの独走だったが、結果は裏切られ、そのプライドをへし折られた。

これ以上の屈辱はない。人生での失策を許さない性向のメリーにとっての最初の失敗が豊川誕の中途半端な離脱だったのは間違いない。

メリーはこの一件の内情の外部への露出を最大に警戒し、関係者に強く口封じを命じた。それはメリーの人生最初の失態だった。

しかしメリーの人生に於いての「最大の失策」は、弟ジャニーのJr（ジュニア）に対して重ねた性加害であることは論を俟《ま》たない。少なくともこの時期（1975年前後）にメリーはジャニーの隠された「行為」に気づいていたはずである。この時期にジャニーに何らかのアクションがあったなら、と思っても詮ないわけだが。メリーの「この件（豊川誕の出生のギミックとデビュー後の裏切り行為）が、ジャニーズ事務所創設以来、最初で最大の「黒い歴史」なのである。

メリーの怒りの凄まじさと豊川の夜伽

ところで、メリーの怒りの元凶は裏切られた屈辱と、弟ジャニーに対する後ろめたさだったのは間違いない。ジャニーズ事務所を退所した豊川は他の事務所での歌手活動を訴えたが、メリーの許可が下りるはずもなく、結局は「豊川ジョー」の名で地方のレコード店の軒先などで歌を披露したものの、デビュー曲などのジャニーズ時代の曲は唄えなかった。ちなみにジャニーズ事務所を退所したタレントは、その後一切、ジャニーズ事務所所属時代の曲目が唄えず、同時に事務所所属時期の映像、写真などの使用を厳重に管理された。

最近（2010年頃）まで、ジャニーズ事務所を「退所したジャニーズタレントは、現役ジャニーズとの映画・TVでの共演拒否を強いられた。後ろ盾のメリーへの遠慮（実際は忖度）があったが、すでにこの時代からその兆候は顕著だったのである。

豊川誕はジャニーズ事務所へ紹介される前は水商売（ゲイバー）の経験があり、ホモセクシャルは経験済みだった事実も判明するが、デビュー前にはジャニーの寝所で夜を過ごすことも多かったことが分かる。孤独を背負う捨て子のイメージとは180度異なる人生を歩んできたのだった。

豊川誕の顛末に関してのジャニーの発言は一切なかった。考えてみれば当然か。夜を共にしていた「秘事の相手」だというのを隠して、デビュー時期とイメージ作りをメリーに先導されての顛末だったからだ。

豊川は夜伽《よとぎ》のせいなのか、1週間後の当時の大黒柱郷ひろみの舞台のバックダンサーとしてジャニーの許可を得ている。すでにジャニーの性癖は事務所内で公認されていたことになる。

「あの豊川はまだ入って1週間しか経っていないのに。やっぱり」

メリーの錯誤、事務所最大の失敗グループ

１９７８年、ジャニーズ事務所に「異変が起きた」と日本芸能界を驚かせたのには、ふたたびメリーの策動が起因している。

郷ひろみのバックダンサー（ジャニーズジュニア９人組）だったが、郷の移籍で（板野俊雄・畠山昌久・林正明）がジャニーズ事務所に残留し、ＪＪＳ（ジャニーズジュニアスペシャル）と名乗り、１９７５年に「ベルサイユのばら」でデビューしたものの、うまくいかなかった。もっともジャニーの目論見は残留メンバーへの愛着が薄かったせいだと見えたので、当然に失敗する。各メンバーの個性が希薄で評判を得られないでいたのが、１９７９年に異変が起きたのだ。

またもメリーの策動だった。メリーはメリーなりに事務所の繁栄を最大限に願う第一人者だが、持ち場を間違えた気がする。ジャニーズタレント起用の「売り出し」に関してであった。少なくともジャニーズ事務所が西のヨシモト（吉本）と並び評される芸能事務所に急伸したのはジャニーが発見し、育て、イメージ作りをしたＪｒの組み合わせ

の独自の感性（センス）による。

それを事務所経営の下降を危惧したメリーが我慢できずに行動に出た。しかしそれはジャニーの「専有領域」だった。

もっとも、その領域を侵せる人間はメリーしかいないのだが。

そして、その分野での部外者に近いメリーがふたたび動くのだ。


事務所最大のイメージにそぐわない（これは私見だが）グループが世に出た。「ＶＩＰ」と名乗る５人組の発表だ。ＶＩＰには二人の女性シンガー（河村信子と吉本和子）がメンバーに加わる男女混声グループである。

「まさか、ジャニーズ（事務所）から女性ボーカルが参加かよ？」


ＶＩＰのデビューにジャニーはほとんど（あるいはまったく）関与していなかった。ジャニーズグループは「ジャニーがオンナの心理になって組み立てる原則」が絶対なのだ。ジャニーは私生活でも事務所の女性社員にさえ、滅多に声を掛けられないシャイな性格だった。

そのジャニーを差し置いてのＶＩＰのデビューに、業界が驚き、やがて、「ジャニーさんにヤキ（失敗の癖）が回ったな」と揶揄された。この事実に関してはジャニーにはとんだ迷惑だった。主導がメリーだったからである。だが敢えてジャニーは当時、一切の抗弁を発しなかった。「姉思い」といった表現が適しているかは分からないが、ジャニーはＶＩＰの失敗を予感していたのである。

ジャニーズは単なるボーイズグループではないという原則を一切、崩さないスタンスを守っていたからだ。ジャニーズグループは「女の子の理想」でなければならないが、一貫したジャニーの哲学だったのだ。

但し、激しく移り変わる芸能界で生き抜くには理想論だけでは到底、生きられない。デビューまでには経済面の後ろ盾が必要だ。それをメリーが支えた。だがである。日本に、餅屋は餅屋、という格言があるのをメリーは知ってか知らずか、餅屋が日本蕎麦を売りに出たというような具合の、ＶＩＰデビューだったと言っても構わないだろう。

ＶＩＰがデビューした時期、ジャニーズ事務所は稼ぎ頭の郷ひろみの移籍（１９７５年）、中核のフォーリーブスの解散（１９７８年）が相次いで重なり、事実上、経営的に行き詰まり状態が、その背景にあった、のが真相だった。

その期間前後、日本の芸能界の歌の世界は新しく海外から流れ込んだロックンロールなど、ビートを聴かせた曲が全盛期を迎え、アイドル不毛時代だったのである。

それでもジャニーは江戸の昔の手妻（手品）のように、手元のＪｒ（ジュニア）から、永田英二を筆頭に、葵テルヨシ、井上純一、川崎麻世を相次いでデビューさせた。ところが、期待したほど大きな成果は得られず、私見だが、この時期は「仕掛け人ジャニー喜多川」の最大のスランプと見る。

「スランプ」には、一時的な不振や不調の状態を意味するのと、暴落・不況・不景気を意味するものと辞典に載る。一時的な不振はジャニーに当て嵌まり、不況・不景気はメリーの生きざまに符合する。

まさに姉弟のスランプ時期（ジャニーズ事務所）の最大の危機を自認したのが、先鋭的なリアリスト（現実主義）のメリーだったのである。メリーは終生、自分をリアリストと自認したが、その思考が後のジャニーズ事務所（同時に名義上は異なるが喜多川家）の莫大な資産に繋がるのだ。

誇り高きメリーの隠し事

当時（1975年前後）のメリーは、ひそかにジャニーの持ち駒（ジャニーズジュニア）不足を感じて、「ならば女性ボーカルを混声にしたら」と思い立つ。まさにこの当座だけを見る思考こそジャニーの信念を裏返す成り行きだったのをメリー本人は気が付かなった、と見る。

「チーム（グループ）にオンナはタブー。だってチーム（グループ）の対象は女の子なのに。同性が同性を素直に受け入れるわけがない。オンナによるジャニーズはあり得ない。ボクの考えと全く合わないのよ」と、ジャニーは多少の憤りを言葉の裏側に滲ませて後年、私に告げた。

案の定というか当然の結果で、VIPは2年弱で解散する。JJSの3人が一斉に破調が合わないと脱退してしまうからだ。

事務所の創設時代から何かと折り合いが良くなかった従来からの日本の芸能事務所か

らは、ジャニーズ全盛を阻止し、一気に押し返そうとする機運が起きたのは、まさにこの時期だった。ジャニーズ時代は終わりだと。

「ジャニーにヤキ（後ろ向きの性向）が回った」と業界の思惑が一段落したその元凶はジャニーではなくメリーだったのだ。

当時、その真相を知っていたのは喜多川姉弟のみだった背景には、長くその内実をジャニー自身が口を閉ざして明かさなかったからである。


風評を馬耳東風として、ジャニーは一切、真相を口外することはなく、次の一手を捻りだしていた。

それが「各TV局回り」である。

Jrのドラマ出演作戦だったが、さすがにジャニーのこの動きにメリーは余計な注釈は入れなかった。

VIPの惨憺《さんたん》たる結果を現実のこととして、以後、メリーがデビューするJrの選出に口を挟むことは少なくなり、対外交渉や金銭管理に傾倒することになる。結果として、ジャニーはメリーの対外的な信頼を守り、メリーは本職の資産管理に傾倒するようになるのだ。

おそらくこの時の姉を庇うジャニーの「見過ごす」というスタンスがなければ、姉弟の分裂で、以後のジャニーズ事務所の繁栄はなかった可能性が高いと私は見通しする。

ジャニーの「あれしかない」の新作戦

この時期（1979年）、ジャニーは世の中の動きを察知し、かつて成功した「作戦」を実施する。Jrのドラマ出演だった。それは1972年のNHK大河ドラマ「新・平家物語」への郷ひろみの出演が頭を離れなかったのだ。

「あれしかない」とジャニーは思いつき、勢いに乗った郷はこの年8月「男の子女の子」でレコードデビューして、一気にトップアイドルへ昇り詰めた。

メリーにTVドラマ出演に関し、一言の意見も言わせないジャニーとメリーのこの時期の関係が、新たな「ジャニーズ全盛」を迎える序章に立った背景である。メリーはVIPに関して沈黙し、ジャニーは完黙したが、メリーが終生、ジャニーに対して負い目を感じたのは、VIPのデビューだった、と考察する。

だから「このこと（VIPのデビュー）を生涯の負い目に感じたメリーは、ジャニーズ事務所の「奥の院」へ隠蔽してしまった。外部へ事実が必要以上に洩れないのを懸念して、周囲へ箝口令を敷いた。このことはジャニーズ事務所暗黒史のトップレベルの「過去」なのだ。後年の絶対的な権力の座を脅かされかねない「黒い事実」を知る人はすでに多くないのを確認したメリーの目途は、やがてジャニーズ事務所の経理を中核に坐することになる。

彼女（メリー）はこの一件を終生、関係者に口外するのを禁じた。

メリーの矜持を最大にボロボロにし、チクチク刺す負い目になったからだ。

誇り高いメリーがまだジャニーズ事務所が自立できるまでの縁戚からの援助を欲する時代に、都内の青山の公団に住んでいたのを口外しないようにしていた事実と並んで、隠蔽しつづける「過去の禍根」となった。

ところで、VIPはデビュー曲「南十字星」を発表し、「青春にかけろ！」のシングル盤に3枚のアルバム盤を発表したものの、大きな成果はなく、2年で解散したが、アイドル不毛の時代の犠牲ともいえる。

が、それにしてはジャニーズのグループに女性歌手を登用するとは、後年、女帝の冠を与えられるメリーの時代錯誤の知恵に過ぎなかったかもしれないが、餅屋は餅屋に任せてこその理《ことわり》をメリーは胆に銘じたに違いない。

即ち、自分の立ち位置を弁えることで会社（ジャニーズ事務所）の信頼の醸成は可能との現実をだ。

さてこの時代（1979年）に戻るが、メリーとジャニーの関係性こそ、ジャニーズ事務所の成功への王道だったのは間違いない。この時、帰国子女の姉弟の栄光への階段の第一歩を昇る契機と知ったからこそ、明日が見えた。

その具体的な事実が1979年からのTVドラマ「3年B組金八先生」での、たのきんトリオ（田原俊彦・近藤真彦・野村義男）の予想以上の大成功がある。

栄光の階段を昇る、第一歩になった。ジャニーの満足はみたしたであろうが、その事実をしみじみ実感したのはメリー喜多川のほうだったろう。

――だが暗黒の歴史は途絶えなく続いて行った。

ジャニーは合宿所を代え、そのたびに新しい被害者を生み出していくのだ。

その6

ジャニーズの「クスリ（覚醒剤）」事件続発

続発するアイドルの不始末

ジャニーズのタレントの、「クスリ（覚醒剤&大麻）に関する事件」の端緒は、知られる事実では、1979年4月12日、北公次（元フォーリーブス）だった。北がは関東信越地区麻薬取締官に逮捕されるショッキングな事件が判明する。

裁判で北はそれより3年前から覚醒剤の常用者としてマークされ、かなり早い時期から逮捕が噂になっていた。

北が所属したアイドルグループは1978年8月に解散コンサートを東京・新宿厚生年金会館（旧）で開き、滅多にファンの前に姿を見せないメリーが、終幕で挨拶をしたことで芸能マスコミを賑わせた。

それからわずか8か月後の事件だ。北は取り調べで、1976年11月から「常用の事実」を認めた。不倫相手の勧めでの使用があったと告白する。

しかし、私はその半年近く前、フォーリーブスの公演を東京・中野サンプラザ（当時）の楽屋で、「それらしい」行為を体験していた。

だが、まさか覚醒剤使用とは考えなかったし、信じられなかった。

と言うのも楽屋内のトイレに長く籠っていた北が、楽屋に戻ったときの妙に晴れやかな表情が気になったのだ。本番寸前である。ベテラン歌手でも緊張はあると聞くのに妙に晴れやかなのだ。当日の会場は超満員の観客で熱気にあふれていた。だが、妙に燥《はしゃ》いだ北を見たのは初めてだったのだ。他のメンバーは見て見ぬふりをしているようなのも妙ではあったが。

結局それが「事実（覚醒剤使用）」だったからかは私には分からない。

「頭の中にキラキラ光る星が無数に光り始めると、妙に気分が陽気になり、カラダの浮揚感に襲われる。気分は晴れやかで燥ぎたい気分に浮かれてしまう。それを自分で止められない。周囲の音が明快に聞こえて、人生が楽しくなる気持ちで、多弁になる。眠気は一切、消える。何時間も起きていて幸福感で全身が包まれる気持ちのいい時間が何時間も続いた」と、覚醒剤経験者の証言を聴いたことがあった。

男と女が同時に「カラダに射《い》れる（注射する）」（証言者）と同じ風景を何時間も見ている気持ちになれたとも聞く。この呆気に取られる証言の裏側に、クスリの効果が切れた後の、倦怠感、虚脱感、自己嫌悪もあるとも聞いた。

「何かから逃れたい。だからクスリの誘惑に負ける」

生きる志しを喪失させる時間の誘惑、と私は断じたい。

ジャニーズの面々がクスリ（覚醒剤・大麻）の誘惑に負ける報道は、時機を挟んで続報された。原因は何なのか。ストレスからの解放と聞くが、人間ならだれでも生きる上での圧迫感に襲われるのは当然だが、ジャニーズの場合の多くは、周囲の誘惑に負けての行為が目立つ。常に「ジャニーズとしての居ずまいを崩さない」はメリーの決まり事の哲学であり、ジャニーの導きでもあったはずだが、クスリの誘惑は耐え難かったように見えるのも残念だし、熱狂的に支持する１３００万人（ジャニーズファミリークラブ員・推定数）を裏切ることになる。

ジャニーズだから目立って報道されるのではない、クスリ（覚醒剤など）の使用は法律違反なのだと胆に銘じなければならない許されない行為なのだ。ジャニーズとしてステージに立ち、マスコミに取材され、映画・ＴＶドラマ・ＣＭに採用されるのは、ずっと保って来た「洗練された健康的な男子」のジャニーズであったからこそ、ファンの裏切られた失望感は深い、という認識が必要だ。

ところがそのバックステージでは、性加害という犯罪が頻繁に起きていた。この表と裏の落差が公表されて（告発されて）、日本、アジア、そして国際的に報道が流れた。それに加味して、違法薬物使用は後に触れる「婦女子への暴力事件と飲酒パーティー」がある。

ジャニーは己の行為による後ろめたさもあり眼をつむり、メリーは内部事情の漏洩《ろうえい》にのみ神経を消耗したのだろうか。むろんジャニーズタレント本人の自覚が第一だが、法律に違反する行為を教育してこなかったのだろうかは不詳だ。

北公次の覚醒剤使用についてのジャニーズ関連事件は、このときの逮捕が初めての事件だ。すでに日本中に蔓延していた「覚醒剤使用」は、一部の報道では一般の主婦にまで悪の手が伸びているとの情報も耳にする時期だった。

麻薬取締の検挙を最大の目標にした警察は、効果的な戦略を用いた。「名の知れた覚醒剤使用者の逮捕」である。逮捕者がその該当者であればマスコミに大きく取り上げられる。言わば、「アナウンス効果」を狙ったのである。

北公次の覚醒剤使用の逮捕は、おそらくその一環であったかもしれない。だがその現実があったにしても、北公次のデビューから知る私には残念無念としか言いようのない事件だった。

この時の北は翌5月に釈放され、故郷の和歌山県田辺へ帰ったが、その地でかつて取材をした私に北は再起を誓い、どのように再生するのかが心残りではあった。解散して10年後、復活コンサートに向けての振付け師とのレッスン場で私は北公次と久しぶりに会った。顔色もかなり良好のように感じたし、ダンスにも心地よい汗を掻いていたように思えた。私はかつての彼らとの日々を懐かしく思った。

「またがんばります」。北は私の耳元で言い残した。

その一言が数年後、遺言になったのである。

カード詐欺と覚醒剤使用の元アイドル

1996年の4月、ジャニーズ事務所の所属だった豊川誕が偽造したクレジットカードの詐欺事件で逮捕された。恐れ入るが又も豊川である。

すでにジャニーズ事務所の所属ではなかったが、社会面の記事に「元アイドル豊川誕逮捕」が連続して載った。

しかも4回も起こして、そのうち2度、同じ店で使用する図々しさで常識的な気持ちを失くす詐欺の犯意には呆れるほどだ。

豊川は自書『ひとりぼっちの旅立ち――元ジャニーズアイドル豊川誕半生記』（鹿砦社刊）の中で、「このカードを使うのはギャンブルだ。使えれば儲けものだし（云々）」と記すが、あまりに社会常識を逸出する考えだ。衝撃的でも何でもなく、単なる犯罪者の懺悔にもなっていない告白だ。

実は仲介人の計らいで豊川はメリーと対面し、事務所に入った時期がある。何故かメリーは豊川を突き放せなかったが、豊川は事務所に行かなくなる。

しかも1998年8月、何の反省もないように見える豊川は、覚醒剤取り締まり違反で逮捕されたのだ（東京・麻布署扱い）。

何をかいわんやである。

さすがにこの裁判で懲役1年2か月の実刑が下り、前橋の刑務所に拘束された。出所した2000年5月、焼き肉店で知人に、覚醒剤の使用を得意げに吹聴するのを目撃されているなど反省の意思は見えない。

それどころか、出所して1か月半後の7月、覚醒剤の所持で逮捕される（場所は神奈川県小田原署）。会員制の観光ホテル（箱根町）の一室で、1・5グラムの覚醒剤所持だった。覚醒剤使用は習慣性が強いと伝えられるが、豊川はその地獄から抜け出せなかったのか。

豊川はジャニーともメリーとも不思議な縁があったと思う。

メリーには何故か可愛がられ、ジャニーとは夜伽《よとぎ》をした仲だが、結局はジャニーズとしての実績は薄かった。

知人に、覚醒剤を使用してのセックスはたまらない、などと吹聴しているのをマスメディアに知られてもいる。どうにも言葉を失う。

不可思議な繋がりを私は感じる。

だが豊川はまたも暴行事件を起こす。2003年4月、東京中央区の中華料理店で暴力事件に関与するからだ。

相手はよりによって警察官（警視庁築地署地域課巡査長）で、傷害の執行妨害に合わせて傷害の現行犯で逮捕されている。

すでに前歯は抜け、頭髪も薄くなって乱れる中年肥りの外観は、少なくともジャニーズのアイドルの面影はなかった。

そんな豊川のアイドル時代に本音を私は聞いたことがある。

「嫌だったんです。孤児でもないのに神社で拾われて育てられたなんて、あまりに嘘っぽいでしょう。それがオレだなんて。オレの人生っていったい何なんだって。メリーさんは母親のように優しくしてくれたこともあった。嬉しかった。オレって他人の優しさをよく知らないで生きてきたから、それはそれで最初は我慢したンですよ」

豊川がデビュー翌年の2月、取材で沖縄まで同行した夜（渡辺道雄カメラマン同行）、私たちに本音を洩らした。

デビュー直後から豊川は、「アイドル豊川誕」の仮面を脱ぎたがっていたように見えたものだが、このとき私は、豊川のあまりに率直な（?）本音に渡辺カメラマンと苦笑したものだ。

「アイドルなんて所詮、誤魔化しでしょ」

豊川が沖縄の夜、私に打ち明けた一言が「本音」と感じたが、この程度の覚悟で「ジャニーズアイドル」が務まるのかと正直、疑問を抱いたのは事実だった。

真実、豊川がそのような思いを胸に隠しての活動だとしたら、一番迷惑するのは、「オシファン（応援するファン）」ではないか。

仮に当人が、誤魔化しの仮の姿を演じているとしても、それを信じて生きる勇気を持ち得る人間は多く存在する。アイドルはそうした分野での存在だからこそ、栄光の冠を与えられる。

そのテッペン（天辺）が、ずっとジャニーズアイドルだったことに気が付かなければいけない。当時の豊川もそうだ。

結局、豊川誕は自己管理が杜撰《ずさん》でしかなかったが、デビュー直前、ジャニーから性加害を受けてもいたことが後に判明するのだ。すでにそのとき、豊川は「男性経験（ホモセクシャル）」も経験していたのだ。

「これしきのコト、何でもないと」開き直っていたから、デビューは早かったと勘違いしたかは分からないが、一種の開き直りはあったのかもとは感じた。

豊川誕はまさにジャニーズアイドルの「悪しき異端児」の一人と言って構わない気がする。

「ジャニーズって、こんなものか。ジャニーさんの本心知ってからそう考えるようになった」

この証言は重要に捉えたい。だから何度でも記す。ジャニーは芸能界を目指す少年のＪｒを思う存分に弄ぶ前提に、デビューをちらつかせたのである。

豊川がジャニーに寵愛された期間は短い。

実はジャニーが慢性胃潰瘍に悩まされていた時期に該当するからだが、豊川のあまりに手慣れた振る舞いにさすがのジャニーも性的欲求を沈滞させたのかもとは余計なお世話か。

それはそれとして、私に豊川の何気なく洩らした47年前の本音が忘れられない。

「アイドルなんて所詮、誤魔化しでしょ」。

心底、そう思っていたのか。

豊川の本音は私の記憶から消えない。

またも起きたジャニーズアイドルの不祥事

ところがフォーリーブスのメンバーだった江木俊夫が、覚醒剤事件を起こしたのは1999年5月11日の夜である。

江木は付き人だった小坂某が連れてきた自営業の女性に、六本木のスナックで彼女がオーダーした焼酎に共謀して覚醒剤を混ぜたのは、彼女をホテルへ連れ出そうとの目論見があったからだ。

それを飲もうと口にした女性はいつもと違う呑み味に違和感を覚え、江木らの誘いを断ると店外へ飛び出したが、気分が悪くなり、病院へ駆け込んだ。

診察した医師は、「薬物を飲まされた」と判断して地元の麻布署へ通報。後日、小坂某から任意の尿検査で覚醒剤反応を検出し、女性への行為を認めた江木も逮捕された。

4か月後の9月、東京地裁の女性裁判官は、面白半分での違法行為や女性蔑視を厳しく論じ、諌めた。「相手の女性もその気になっているように見えました。だから面白いからイタズラしようと思ったのです」

案外、江木の証言は現実的に思えたかも知れないが、仮にも裁判官に証言する内容ではなかった。女性裁判官の表情が変わったのはこの瞬間だ。

「面白いからとは何ですか。相手は女性ですよ。しかも当該人を面白いからとは女性蔑視です。考え直してください」

このときの江木は女性裁判長に厳しく叱責され、深く反省したと答え、女性蔑視や違法薬物の使用に二度と向き合うことはないと誓うと述べるべきだった。どこに顔を出しても子役出身の江木は目立つ、そのことを深く自認すべきであったと思わざるを得ないが、人懐こくて悪気のない笑顔の江木に、覚醒剤は全く不釣り合いに思えた。

東京の銀座・六本木界隈を中心に、飲酒を好む江木は遊び慣れているはずだ。私も何回か酒の席を共にしたが、軽妙な会話術はさすがに全盛時からのフォーリーブスの司会進行を巧みに演じたものだ。

それから数年後、江木が所属したフォーリーブスの復活コンサートが開かれた東京・中野サンプラザの楽屋で私は江木と会った。

「最近はだいじょうぶ？」と問いかけると、

「健康的にやっていますよ」と江木は屈託なく返事をした。

私の問いかけの、「だいじょうぶ？」の意味は、女性蔑視や覚醒剤使用に関してだが、江木は生来の明るさで返事をして、ステージへ駆け上がって行ったのだ。

時代を席巻した「光GENJI」の不始末

それから数年後の2007年10月、元光GENJIの赤坂晃が、やはり覚醒剤の所持で逮捕される事件が発生する。

しかも覚醒剤0・6グラムを所持していたとして警視庁大塚署へ現行犯逮捕される事件を起こした。まさに次から次への薬物事件が絶えない。

赤坂は高級外車を東京豊島区の路上に停車した直後、所轄署の（警視庁大塚署）に現行逮捕される。どうやら早くから事前通報があったのだ。

所持品から覚醒剤を吸引（1グラム用）のポンプと呼ばれる道具や、簡易の尿検査でも覚醒剤反応が検出され万事休す。

翌日にはガサ入れ（家宅捜索）が行われた。裁判は11月に開かれて、覚醒剤取り締まり法違反（同所持）に問われ、懲役1年6か月（執行猶予3年）が言い渡された。

このときの「赤坂晃」は裁判官に素直に応じ、離婚直後で子供（当時5歳の息子）に会えない苦しみから逃れたかったと陳述する。裁判はその日に刑が確定する即決裁判だった。それしても苦しみからの逃避がクスリとは、やはり同情できないし、呆れる。あるいは手っ取り早い手段が覚醒剤（クスリ）というのは、なんとも虚しい気持ちは拭えない。

赤坂晃が活躍した「光GENJI」は1988年12月にデビュー曲の「パラダイス銀河」はメンバーがローラースケートを駆使して動く斬新さと、グループの若々しさが時代の即効性にマッチし、記録的な大ヒットになり、グループ7人は時代の寵児に躍り出た。事務所にとっての収益は後のSMAPや嵐に匹敵する。

けれども彼らは二つのグループの合併で、やがて7年間の全盛期を経て、解散するが、赤坂は端整な風貌で人気の一人の座を占めた。だが、解散後に覚醒剤所持での逮捕は決定的なイメージダウンそのものであった。

ジャニーはこの当時、たのきんトリオから田原俊彦、近藤真彦と連続してビッグアイドルを世に出し、シブがき隊、野村義男（ＴＨＥ ＧＯＯＤ-ＢＹＥ）、中村繁之、少年隊と立て続けにデビューを輩出してもなお、手元のジャニーズジュニアがデビューを待つ時期で、低迷期を抜けた第二次黄金期だった。

それで編み出したのが二つのグループを合体させるアイデアだ。そのアイデアを活用して誕生したのが光ＧＥＮＪＩで苦肉の策が大当たり。

後のＴＯＫＩＯ（１９９４年デビュー）や、Ｖ６（１９９５年デビュー）のグループ編成に影響を与えた。それまでのジャニーはグループ編成にできるだけ年齢の近いＪｒを組む傾向だったのを、グループの中で明らかに年齢世代を超える編成にしたことや、ワングループの人数を増やす工夫などへの変化を与えることになる。

これ以後、ジャニーズ事務所はジャニーが造型するグループ（ジャニー本人は、チームと称し、そのキャプテンを自認した）の飛び立ちが続いた。

ここで問題提起したいのは、ジャニーが夜伽を経験した（もちろん詳細は不明だが）メンバーの登用ではなく、グループとしての特性を重要視してきたことに注目する。メンバー選択やグループ活動の明確なグループとしてのテーマを先に取り込むとしてきたことであり、ジャニーの組織編成に変化を感じ始めたものだ。その意味からすれば、光ＧＥＮＪＩはジャニーによるＪｒの選抜嗜好に影響を与えた、重要なグループだったと考える。

だが好事魔多し。光ＧＥＮＪＩは仲間割れを起こして解散。原因は音楽の方向性の違い、と公式発表されたが、多人数メンバーの思惑の違いが露見したのだ。２組のグループの合体の難しさをジャニーは学んだと思う。

ところでグループ解散後、端整な風貌の赤坂は一時、俳優業の道を目指したが、覚醒剤という魔物に手を伸ばして華やかな世界から消えた。

思えば、覚醒剤やマリファナといった禁制の薬物にはまり込むと、自分で自分の首を絞めることになると胆に銘じるべきなのに、ジャニーズでまたも「大麻疑惑事件」が起こる。

2005年、天下の「嵐」の疑惑発生

ＳＭＡＰ解散後、ジャニーズアイドルのトップに君臨した「嵐」の大野智の大麻3p事件は、内外に驚きを持って報じられた（2008年発行の週刊現代）。

疑惑発生はそれより3年前の夏、嵐のリーダー格である大野が、東京・渋谷にあるカラオケボックスで禁制の大麻を吸って発覚した事件である。

1999年にビッグチーム「ＳＭＡＰ」の有力な後継チームとジャニーズ事務所が後援するグループ嵐に関する「危ない情報」には、ジャニーは当然だが、もっとも神経を配ったのはメリーである。

むろん、ＳＭＡＰに匹敵する金額を稼ぎだす「有力なウチの子」の嵐に、スキャンダルは禁忌《きんき》事項。徹底して最大の禁止事項の発覚報道にメリーは激怒。

報道した「週刊現代」と、版元（講談社）との業務禁止を実行する騒ぎに発展する。

それほどに嵐は最大の存在だった。

しかし、証言者は同席した二人の女性のうちの一人で、現場にいたことが証明されて

しまう。唇を寄せるキス写真も掲載されたのだ。嵐のリーダー格の大野はジャニーにその音楽的才能を高く評価されてグループ入りした経緯がある。

すでに松本潤の女優とのスキャンダル報道もあり、さらに二宮和也の恋愛報道もあって、当然の混乱を招いた。だがアイドルも年ごろである。恋愛は当然の成り行きと見るのが一般的だが、メリーは許さなかった。圧倒的な利潤低下を畏れたのだ。

もう一つ、メリーが嵐に神経質になったのは、プロデュース兼マネージャーを娘のジュリーにしたことにある。

メリーが過度に嵐の醜聞に神経を尖らせたのは、嵐より2年前にデビューした「ＫｉｎＫｉ Ｋｉｄｓ（キンキ・キッズ）」のマネージメントを担当したジュリーがあまり有効に活用できなかった（実際は失敗に近い）からで、これで連続して嵐の醜聞報道で蹴《け》躓《つまず》くのを畏れたからだ。

すでにメリーの胸中にはジャニーの後継はジュリーとの思惑があった。それもあり、嵐のスキャンダル報道は極力抑えておきたい。

しかし現実として、嵐のコントロールをジュリーは無難にこなしたのだ。メリーの危惧の負担を解消していた時期の「大野の醜聞」は、その後の嵐の活動にはそれほど影響をせずに済んだ。仮に嵐の担当マネージャーがジュリー以外であったら、おそらく現場担当を外されていたに違いない。

ジャニーズは典型的な家族経営という実態を世に露わにするのは、「メンバーのスキャンダル」だったのだ。

醜聞は絶対に許さない。これがメリーの掟の第一条にあることを私は長年の取材で見聞している。

スキャンダルこそ命とりとは、創業時代からの命題だったが、皮肉なことにジャニーズ事務所はその重荷をいつも背負わなければならなかった。常に100人以上のタレントを抱えるのだから、トラブルは必然だった。

醜聞の裏側を世に見せてしまう行為、すなわち事務所の内情が露見するのをメリーは徹底して嫌悪し、断固として排除したのであるが、皮肉なことに、社会的にもっとも制裁を受ける行為を事務所の創業者が行うという考えられない内情を抱えるのがジャニーズ事務所の正体だったとは、なんとも皮肉である。

関ジャニ∞とKAT-TUNの場合

同じ年の2008年5月の夜遅く、関ジャニ∞の渋谷すばるが私的に主催する大阪でのパーティーでの乱交を女性週刊誌が報道する。そのときの女性参加者が渋谷と諍《いさか》いになり、焼酎などを強引に呑まされ、その後に14時間近く昏睡状態に陥ったというニュースが流れた。

渋谷はその後にグループを脱退するが、ある種、彼のデビュー直後からの奔放な行動がメディアの注目を浴びていた。

大麻も乱交も醜聞に間違いはなく、さらに悪質なのは覚醒剤使用だった。誰が悪いというのではなく、問題の基本が「本人の意識」にあるからだ。覚醒剤使用は法律違反、乱交パーティーも規律違反。だがこの時期ジャニーズアイドルの社会違反行動はメリーの目の届かない範囲を限りなく広めていた。

後は本人の自覚を律するだけとは、当然ながらアイドル(タレント)でなくても法律は順守すべきなのである。その規範が全体に少しずつジャニーズに緩んできたのも事実である。

この変化は、ＫＡＴ-ＴＵＮの田中聖は勝手な行動（自営の商売など）で事務所から活動停止を命じられて自らグループを抜けたことや、その後、田中は覚醒剤の使用で連続して逮捕される。また、おなじグループの赤西仁は留学を目的としてグループを出るが、ジャニーの計らいで重大な責任は逃れた。

またも田中聖で恐縮だが、未成年だった時代の田中は喫煙騒動も起こしている。だが田中を研修生に格下げすることはなかった。ジャニーがＫＡＴ-ＴＵＮの評価を高くしていたからだが、その理由はかつてのジャニーズグループにない、野性的でラフな印象を感じさせ、感情を爆発させるシャウトが気に入っていたのだ。

彼らの、「男っぽい感性」を評価していたのだが、個人的には赤西を買っていた。思えば、ジャニーは堂本剛（ＫｉｎＫｉ Ｋｉｄｓ）のように、やや自分勝手に行動しがちの手に余るタイプを意外に評価したものだ。グループとしては、ＫＡＴ-ＴＵＮは２００１年の結成にもかかわらず、初のＣＤ発売は２００６年になってからだ。

だが、野性的でエネルギッシュなステージワークはジャニーズ愛好者の新しい開拓を果たした。その空白領域を彼らが埋めてくれるとジャニーはひそかに目論んだのだ。しかしリーダー格の亀梨和也とダブルリーダー格の赤西仁の、グループの方向性で対立したことがメンバー間の亀裂を生じた。

もともと亀梨と赤西は親友関係だったが、某女性を巡って亀裂が生じたと伝えられる。過去のグループメンバー間の対立は解散を速める結果をもたらした。元祖ジャニーズがそうだったように、この事実は避けようのない亀裂を孕む危険な要素だと知るジャニーはメンバー同士の融合を求めた。その事態をもっとも恐れたのがメリーだったのを知るからだ。

「ウチの子がいなくなる（少なくなる」はメリーがイチバン避けたい事態なのは、本著で繰り返してきた通りの理由からである。

その7
事務所からの独立トラブル

前代未聞のSMAP森且行の脱退

ジャニーズアイドルが事務所を飛び立つ際には、何かと問題（トラブル）が起きるのも恒例になった。

1976年、郷ひろみは事務所を移籍した。レコード発売元はCBSソニー（後のソニー・ミュージックエンタテインメント）はそのままで、「花のように鳥のように」「誘われてフラメンコ」など連続して著者も付き合いのあった名伯楽《めいはくらく》の酒井政利のプロデュースで連続ヒットを飛ばし続けた。アイドルから大人のシンガーへの過渡期だったが、レコード大賞などで名は上がらなかった。

この時期のジャニーズは新たな黄金時代を迎えていた。

SMAP、TOKIO、V6、KinKi Kidsが相次いでデビューしていたのだ。圧倒的に賞レースの主導権をジャニーズ事務所（メリー喜多川）が握っていたので、事務所を離れたばかりの郷はノミネートされなかった。郷がレコード大賞大衆賞を受けたのは翌年になってからだった（対象曲は「あなたがいたから僕がいた」）。

田原俊彦が独立したのは1994年3月。個人事務所を設立したが表舞台へ出るには数年かかった。独立を宣言した前年（1993年秋以降）からレギュラー出演していたTV番組にも主演できず、全国を回るコンサート公演も中止となる。明らかに独立をする田原への事務所からの圧力だったと推測される。

田原は忍耐するしか手段を持ち得ず、さらには彼自身の「ボクはビッグですから」の発言が、「軽率」と非難されてしまい、当座は表舞台から遠ざかるを得なかった。田原が表舞台へ顔を出せるようになったのは数年後のこと。

それから以後、ジャニーズタレントは事務所からの独立が慎重になったのである。その影響で田原以後の独立はしばらく鳴りを潜めたのである。

メリーの怒りの一撃を畏《おそ》れたからだ。

近年の事務所離脱からの独立（再出発）に関する「出来事」は、ＳＭＡＰのメンバーが分断した一件がある。５人の内、事務所に残ったのは木村拓哉のみで、中居正広は事務所と関わりを保ちつつ幅広いジャンルで活動し、個人事務所の形態で独立をした。稲垣吾郎と草彅剛と香取慎吾はジャニーズ事務所からのマネージャー兼プロデューサーの飯島女史の元で活動を活発化させている。グループを解散して事務所を離れたジャニーズタレントのなかでは最も成功した形だ。

日本芸能界「伝説の記者会見」での女帝

「伝説」とは何年かかっても人々の記憶に刻まれ、言い伝えられる話である。27年前、すでに日本芸能界の伝説となっているジャニーズ事務所の記者会見がある。

１９９６年5月7日、日本芸能メディアは呆気に取られ、直後に凍り付いた。ＳＭＡＰの核心的メンバー森且行の引退会見場だ。人気絶頂時の引退騒ぎは、メリーの発言が発端にある。実は先の引退記者会見に事務所関係者の姿は見えなかったのは、「事務所に相談もなく勝手に引退するなんて」

メリーは憤怒の炎を燃やして叫んだのが影響したのだ。

このときの前代未聞の記者会見こそ、メリー喜多川の独壇場だったと表現できる。森且行の行動はメリーの預かり知らない裏側で粛々と進められた。有名作曲家の平尾昌晃が絡んでいたこともメリーのプライドを痛めつけた。

このときの記者会見は事務所とタレントの関係の不完全さを露呈し、加えてメリーの(そしてジャニーの)面子を潰したことにある。

「自分がジャニーズに関することはすべて関与している。それがワタシの仕事だもの」とかつてメリーは私に胸を張った。ジャニーはジャニーで木村拓哉とのツインボーカル森の音程確かな歌唱を評価していた。しかもＳＭＡＰのイメージは森のプリンス的なイメージを軸にして結成したというジャニーの誇りがある。

それをよりによってその当人がぶち壊した。

だが意外なことにジャニーはメリーの怒りとは真逆で、寂しさと切なさを抱いた。せっかく理想のグループを組めたという自己満足を壊されたからだが、彼らはデビュー直後、世間の評判を得られなかったのだ。そのことがジャニーのプライドを刺激したように思う。

当時、の誇りに溢れたメリーの顔貌には圧倒的な矜持が満ち溢れていたものだ。それを真正面から泥を塗られたのだ。

実は森は前もって事務所の許可を得ずにオートレーサーの試験を受けに行っていたのであった。それを知ったメリーは激怒して引退記者会見をボイコットした。よりによって、グループから抜けるなんてとメリーの叱責を知ってジャニーズ事務所の社員は出席を断念したが、唯一、メンバーの中居正広だけは顔を見せた。森に対する友情の発露だった。本来なら、SMAPは売れない長いトンネルの出口がやっと見えてきた時期だったが、中居は森に友情を示した。

「勝手に辞める人間は相手にするな！」

メリーの怒りの号令は凄まじかった。実はこの時の会見が日本芸能界記者会見で伝説になったのだが、核心部分はメリーのこの発言である。

「森且行などという人間はウチにはいない。だからSMAPにも森なんていう人間は存在しないの！」

メリーの啖呵はあまりに感情的過ぎ、行き当たりばったり的な説明不足で、その理不尽な発言内容が伝説となった。

このメリー発言は、かえって、それまで闇とされてきたジャニーズ事務所の内部の混乱を露呈したからである。確かに森の行動も感心しない。事務所に何の前相談もなく、いきなり別離（退所）を突きつける形になったのだ。

創業以来、ジャニーズタレントは副業を禁止された。おそらくそのことを森は知っていたに違いない。ジャニーズアイドルをやる片手間にできるほど安易な世界ではなく、オートレーサーの世界は過酷だ。それを森は承知で転身を決めた。

何でオートバイ乗りなのよ。どうしてウチの子でいないのよ。

メリーの常識からすればまったくオートレーサーの世界は無知に等しかった。志向の違いをメリーは最初、理解し得なかった。全く畑違いのジャンルを選んだ森の気持ちが推し量れなかったにちがいない。それは、「ウチの子こそ最高の存在」と信じたメリーからすれば思考外だったろうか。言い換えれば、「ウチの子でいられるからアイドルの恵みを得られるのに」と換言できる。

本来ならジャニーがもっと膝詰め談判をするべきだった。SMAPは、「ユー（森）がいたから組めたチーム（グループ）だ。そのユーが抜けて残ったメンバーはどうなる」

とでも。だがそれは結果を知っての後追いの論理だろう。森は彼なりに考えた末の結論だった。他のメンバーに迷惑を掛けるのを承知で自分の夢に賭けた。ならば絶対に成功しなければならない。

当時の森には大河ドラマ出演への事務所のバックアップはなく、ＳＭＡＰのメンバーとしての存在感も薄くなっていたと実感し、さらには同世代の女性歌手との恋愛の噂も裏ではあった。

あれやこれや、森且行は迷った末にオートレースの道を選んだ。その後、現役レーサーとなった森はＡ級ランクにまで出世するが、大事な選手権でトップを走りながら転倒。大怪我を負うが治療の甲斐あってレースに復帰する。その前のめりのクラウチングスタイルの人気は高い。

森且行は困難を乗り越えて自分の信じる道を走る。その選択が吉なのか凶なのかは神のみ知るであるが、彼の勇気はジャニーズの語り草になっているのは事実だ。

その一方で、プライドをズタズタにされたメリーの怒りの発言の理屈が、歪《いびつ》な形で流布したことはメリーにとって不運だった。

だがこれもそれまでのジャニーズ事務所の過度な隠蔽のスタンスが影響していたのは否めない。世間の噂は肥大しがちに広まる。その余波をメリー発言は正面から被ったからである。

「ジャニーの、ジャニーズってあんなものなのか」

「案外にメリーのタレント管理は杜撰《ずさん》だ」

これらの芸能界雀の噂話が一層、メリーの癇癪玉を破裂させたその流れが、当該の「森且行などという人間はＳＭＡＰにいません」と言う人格否定にも思える破天荒な発言になって衝撃を生んだ。

言葉は重要だ。取られ方でいかようにも解釈される。ましてや、多くのメディアの前での発言に、より慎重なコメントが求められる。その心理を弁えるからこそ、ジャニーもメリーも表面に出るのを控えたはずだ。さらにもう一点、それは「日本語の難しさ」についてだ。

表現を剥き出しにしがちな英語に対し、言葉の裏に潜む伝えたい事柄の意味を隠して喋る性向が日本語ともいえる。帰国子女のジャニーとメリーはその意志疎通の差異を知って、尚更、表面に出なくなったと私は思う。

むろん、ジャニーズタレントを表面に出すのを心得るポジション（立ち位置）は、姉弟が共有する日米共存のスピリッツだ。もっともメリーの考え方は、ジャニーズタレントを表看板にしながら、財務のチャックは誰にも渡さない姿勢を貫き通した。

言語は誤解を生む。利口なメリーはそのことの恐ろしさと便利さを理解して使い分けていたはずなのだ。時には例の、「真っ白なスケジュール表は大嫌い」のような直截的な本音を交えてあかすこともあるが、それだけに次の噂に堪忍袋の緒を切ってしまったのだ。「案外にメリーのタレント管理は杜撰」

この一言はメリー、唯一最大の矜持を切り裂いた。

隠蔽されてきたメリーの弱点露見

「事務所内部とタレントの管理不足」この二点を追及されるのがメリーにとっての急所だった、と私は感じている。ジャニーズタレントは別にしても、事務所管理不足をメリーはもっとも隠しておきたい領域であって、加えて、「杜撰《ずさん》（いい加減で粗雑の意・

岩波辞典〕」などと揶揄《やゆ》されては堪忍袋が切れたのも同然だったのだ。

「ワタシが管理しているから（ジャニーズタレントはジャニーズでいられる」という自負を会話の隙間を縫うように常に感じたものだ。

「確かにタレントを見つけ、育て、イメージ作りしてデビューさせるのはジャニーの役目。それからのことは一切、私が仕切る」とは言わないまでも、そのように察知できるメリーの言動を私は知っている。

裏を返せば、ジャニーズタレントのすべてを把握していなければ立ち位置が及ばない、と確信していたと思う。立ち位置とは、メリーの存在そのものを意味する。

「ワタシが知らないことはない」と。

要は、メリーが知っていることがジャニーズのすべてなのだ。

その（メリーにとっての）大義をＳＭＡＰの森且行が崩したのだが、森にも実は心の内部でくすぶる「部分」があったのをジャニーもメリーも気づかなかった。

かつての大河ドラマ「新・平家物語」（１９７２年）へデビュー前の郷ひろみを出演させて大好評を得た経験則を持つジャニーは、次のジャニーズの大河ドラマ出演を目論んだ。それをジャニーは大河ドラマ「秀吉」での森蘭丸役をTOKIO（1994年9月デビュー）の松岡昌宏を事務所の推薦とした。

　これが森の事務所退所の発端とも言われる。何故ならこの役柄を森が念願していたのだ。森は当時、タレントとしての存在感に焦りを抱いていた。俳優として木村拓哉が人気を集め、中居も独自のキャラクターでドラマや司会をこなし、稲垣は独自の個性で番組の話題を集め、草彅と香取も次の出番を待つ用意ができた。ところが森は悩んだ結果、手っ取り早く話題を集める大河ドラマを志向し、ジャニーとメリーに訴えたが、局のイメージは松岡（TOKIO）を選択。

　事務所の後押し不足と感じた森はかねて志望していたオートレーサーへの道を選ぶ。「あのとき、ジャニーさんのプッシュ（後押し）があったら。メリーさんのヘルプ（助け）があったら」と森は悩んだ。

　ただそれは森の一方的で自分勝手な思考だったろう。森はどちらかと言えば、口下手、であり、自分から前に出るタイプではなかったのだ。だからこそ、デビュー当初のSMAPが「売れなかった」という負い目を抱えて、一層悩んだのは確かだ。「SMAPはユー（森且行）がいたから成り立った」とジャニーが森の個性を高く評価したのを知っていた。

それだけに、と森は一発逆転を狙い、大河ドラマにターゲットを絞った。

「局（NHK）のイメージ的に松岡（昌宏）に決まった」

このジャニーの伝言（推測）に森は決意する。女性タレントとの恋愛も噂されたが、森は突っ走る。自分が信じたい道を選ぶ、他人ではなく、自分で正否を決められる道をとオートレーサーの試験を受けたのだ。


森とのツインボーカルの木村拓哉は、TVドラマで圧倒的な人気を集め、他のメンバー（中居・稲垣・草彅・香取）も主にバラエティー番組で活躍の持ち場を広げていた。ところが性格的に「シャイ（恥ずかしがり屋）な森」が取り残される焦燥感に襲われたのは事実だ。

他のメンバーは自分の特性を生かして活躍の場を広げていった。デビュー直後、「売れなかったSMAP」のなかで森には取り残される焦燥があったのは確かだった。

このとき、森は有名な作曲家への伝手を頼った。オートレーサーへの転身を決めたのはその作曲家・平尾昌晃の進言があったという。平尾はオートレースの熱狂的支持者であるのを事前に知らされていた。森の相談を引き受けた平尾は親身になって森の背中を押した。森は仕事の合間で試験を受け、合格する。そして先に記した「記者会見」に達するのだ。


メリーが怒り狂った背景は、作曲家平尾昌晃の存在だったと思う。

同じ業界の自分を差し置いて、事務所外部の人間がジャニーズの去就を左右することに我慢ならなかった。

これが第一。それ以上にメリー（ジャニーも）のプライドをへし折る行為はないと怒りが込み上げたからに間違いない。

それにも増して仲介者が世間に名を広く知られた作曲家だったという背景が、メリーの存在感を揺るがすと判断したのは当然だ。

何でも「ウチの子のことは、自分たち姉弟が最終判断して来たし、その融合が非上場1000億円の会社に仕上げた。ジャニーズ事務所をここまでするのにどれだけ心身を削ったことか。メリーの胸には事務所創設期の日本芸能界からの差別を忘れない。逆に創設当時の「同業者からの差別」が、彼女の反骨心を駆り立てたのは間違いない。それを終生、メリーは抱き続けた。

推測するに、ジャニーはともかく、メリーの行動の背後には、「そのこと（旧来の日本芸能界からの差別感）」が拭えないと私には見えた。いつか見返してやる、が根本から拭えない生き方だからだ。そのためには何でも堪えるが、「ウチの子」に関しての一切の芸能活動には「他人の手」を拒んだ。それがメリーの事務所経営の哲学になっていると私が観る最大の理由なのだ。

だからこそ、「ウチの子」に関わる一切のことに「他人（部外者）」が口を挟《はさ》んだことに拒否反応を起こした。

しかし、森は当時、悩んでいた。他のメンバーに比べて自分の人気は低迷し、事務所の後押し（NHK大河ドラマへの出演）がなく、居場所を見つけられなかったのが実情だ。居場所がないと感じた森は、一気にオートレーサーへの道を選択した。すでにそのとき、ジャニーやメリーとの信頼の絆は解かれていたと思うが、歩み寄れない壁が立ちはだかっていたのである。

SMAPのプリンス追放の裏側

森且行はジャニーズ事務所を追われるように去った。だが救いはSMAPのメンバーだった。「やはり森の声調がユニゾン（斉唱）にないので、SMAPのコーラスはまったく別のグループのように変わった」と専門家は断言する。

元来がジャニーズグループの歌声は、同じ音でグループが歌唱するユニゾンが伝統の歌唱法である。メンバーを同等に扱いたいというジャニーの思い入れがあった。

SMAPも同様だったが、森の澄んだ声が抜けたせいで、ハーモニーに破調を来たし、聞きにくくなった」と言われた。森且行の脱退は実はSMAPの形態にも影響したのだが、ジャニーがその直後、「メンバー変更はしない」と具体的な理由なしに断言する。私はジャニーが「森且行をメインに構成したと私に明かしたSMAPのイメージを根本から改正するのを拒んだのだと感じた。

ある意味、「森クンがJrに居てこそ他のメンバーはピックアップできた（ジャニー）」と思うのだ。だからこそ、ジャニーは、「森且行の存在を抹消するのは避けた」

と私には思えた。否、したくなかったのではないだろうか。

今になって思い返すと、私見だが、何十、何百組のグループを構成してきたジャニーが、「もっとも愛したグループがＳＭＡＰだった」のだから。最初からのイメージを壊す行為は、自分の存在理由を否定することに繋がる、と私の見解はそうだし、事実に反しているとは考えられない。


だがメリーの森且行に関する記者会見について、とうとう最後までジャニーは口を割らなかった。後年、５人になったＳＭＡＰが解散となったとき、ジャニーはひそかに彼らを事務所に招き、「(引退宣言は)あと2年待て」と告げた。ジャニーはひそかに愛するＳＭＡＰとともに芸能界を去る気持ちだった、のではないかと私の見方はそうなる。結局は２０１９年7月まで生き抜けるのだが。

「後2年待て」の真意は、ジャニーが事務所から離れる気持ちがあった（かもしれない)。本音を滅多に吐き出さないジャニーが、具体的に数字を口にしたことに重い意味があると考える。

だが大きな問題が残る。

ならばジャニー、アナタの過去の犯罪（性加害）を抹消する気なのか、あるいは露出する気なのか。私はジャニーの本音が分からないまま、その当時ははっきり察知できなかった。が、あるいはジャニー、SMAP解散とともになんらかのアクション（事後行為）を考えていたのかもとは想像したが、それ以上の本音は探れないままだった。

今となってはそれが残念な気持ちの極みで、苦いコーヒーを飲んだ時のように、その味覚のみが口内に浮遊するのを抑えられないのである。

森且行の行動とメリーの裏話

当然にメリーの怒りの（森且行脱退記者会見での）発言は、芸能界を巻き込み、耳目をそば立てる世間を驚かせた背後に、実はもう一つの「裏話」がある。

当時、日本一のアイドルグループになる寸前のSMAPは、ジャニーが最大に愛するグループだったことはすでに述べた（もちろん私見）。

「SMAPはボクの全身全霊を入れて組んだチーム（グループ）だった。その真ん中に森クンがいた」

ジャニーは後年、こう言って肩をすぼめたことがある。

だがメリーのSMAPに向き合う視線はちょっと違う。

これから大々的に売り出す可能性を秘めたグループの「メンバー変更」は価値が下がると計算した。大損害である。世間に吹く風の方向に目敏いメリーの怒りが、先の発言（「森はSMAPにいなかった」）になったと私は考えるが、一方で、メリーの怒りにも理解する点はあるのである。ジャニーズアイドルと一口に言うが、利益還元はさらに先の話なのだ。SMAPについても、「ここまで先行投資してきていた。今後にやっと回収ができる」寸前にメンバーが脱落では、メリーでなくても落胆する。それは分かるにしても理解不能なのは人格不適とする言辞に関してである。

「森（且行）なんて人間は最初からSMAPにいなかった」。

これでは完全に人格否定であろう。人間、誰にも一個の人間の存在を否定することはできないし、してはならない。メリーは分かっていての発言だったのか。あるいは怒りが理性的なメリーをしてあの発言をさせたのか。

しかし同意できないのは、森且行に向けるメリーの痛烈な発言だ。しかもその存在を否定するかのような公式の場での発表に彼女の責任は重いと感じる。森の引退会見で同席したSMAP中居のコメントは心深い。

「自分の夢を追いかけるなんてすばらしいこと」

中居はプロ野球選手になることが夢だったが断念した過去を持つだけに、夢に向かう森に送別の辞を潔く送ったのは、部外者でもせめて気持ちが晴れる。

いつかまたなにかで出会えるかもしれないと。

それがSMAPの友情の証だと送るように、中居の送別の辞は人間的な温もりがある。

しかしメリーの怒りはすさまじく、森且行が写るレコード写真、ジャケット写真、アルバムなどは一切、使用不能にした。

所属する芸能事務所からの独立問題はジャニーズ事務所に限ったわけではないが、日本芸能史に残る「独立問題発表」がメリーによって起きたのである。

ＳＭＡＰ森且行の脱退トラブルは、その最たる一件だったと日本芸能史に残るであろう。元来、ＳＭＡＰは森を中心にグループ編成をしたのが発端だったが、肝心の森がオートレーサーへの転身を発表して脱退が発表された一件が、「近代日本最大の芸能事件」に発展した。

スポーツと、音楽が融合されたグループ、ＳＭＡＰ。

いつか、ジャニーズ事務所という芸能事務所があって、そこにスポーツを愛し、音楽を愛し、そして仲間を愛したグループが存在した、と語られる日は来るであろうと願うが、ジャニーズ最高のグループは伝説として語り継がれる気がする。メリー喜多川の常識を蹴飛ばす記者会見の発言とともに。

その8

女性暴行、乱交事件、騒動、決別と再生

繰り返された女性との事件簿

「オンナの子にモテるからジャニーズを目指した」

だいぶ以前、私は現役時代のジャニーズアイドルから、耳にしたことがある言葉だ。若い世代の男子にとって、「ジャニーズ」は女性のハートを直撃するインパクトがあったろう。

その事実は現在までずっと同じ経路をたどっているのではないか。

「ファンの子にはちょっかいを出しては絶対ダメ」

事務所創立以来、メリーはこの忠告を人気のジャニーズタレントに幾度も警告を発したものだ。

「ちょっかい」とは当然に「男と女の関係」を意味する。現実はジャニーズタレントには女性のほうからアプローチしてくることが圧倒的に多いのだが、若い時期の男女には当然のように「問題の男女接近」は起こる。ましてや「ジャニーズ」の名称は女性の心をくすぐる媚薬の役目を果たす。

これは「事件簿」に載せるほどではないが、近藤真彦の、「おばさん事件」がある。1980年7月、TVのバラエティー番組に出演した近藤は、TV局のリハーサルスタジオで足を止めた。

知らない歌手が音合わせをしている最中であった。曲が終わった時、物おじしない近藤がそのベテラン歌手に近寄って、言ったのである。

「おばさん、唄うまいね」

一瞬、スタジオが静まりかえった。

氷付いたという表現がぴったりの雰囲気だったが、近藤は成り行きが分からずに、そのベテラン歌手と向き合っていた。「あらそう、ありがと。私は目の前で歌が上手いなんて言ってもらったことがないの」とベテラン歌手が答えたがスタジオ内は凍ったままだった。

相手の女性歌手は昭和歌謡の歌姫美空ひばりだった。

中居正広のノーパンしゃぶしゃぶ嬢との密会

さて、ジャニーズタレントの「女性絡み」のスキャンダルは1999年前後から急速に増え始める。芸能誌や実話誌の格好のターゲットになり始めたからだ。

SMAP中居正広の「ノーパンしゃぶしゃぶ事件」がある。

中居は当時人気のノーパンしゃぶしゃぶ嬢との密会を写真週刊誌に激写された。深夜に彼女のアパートで過ごした一件だ。本人は翌日の午前に出てきて、「多くの友だちも一緒だった」と割によく聞く言い訳をした。ノーパン嬢も中居と会ったことはあるが、いつも誰かと一緒だった」と抗弁して「関係」を否定した。実際は夕刊紙が「交際」を暴露している。

この年の中居は「NHK紅白歌合戦」の白組の司会者に抜擢されて、タレントとして最初の絶頂期を迎えた時期の醜聞だった。この時の白組の司会がジャニーズ事務所のタレントとしては最初の栄誉だった。

それより28年前、ジャニーズ事務所としてフォーリーブスが最初に「紅白出場」を果たして、そのときのメリーの狂喜する笑顔がよみがえり、中居の司会をＴＶで観ながら私は複雑な感慨を抱いたものだ。

その後、中居は俳優として、司会者として、時にプロ野球の解説者として活躍の場を広げていくことになる。その契機がこのときの「紅白の司会」だった気がする。

ジャニーズジュニアの乱交パーティー

ジャニーズでなければ「アイドルではない」とばかりに、１９９５年から以降、ジャニーは、次々に手持ちのＪｒを幾つかグループ化して世に披露した。年齢無制限、多人数という特徴が目立つのは、増え過ぎたＪｒ群像の交通整理のようにも私には、映ったのだ。

その当時の【ジャニーズジュニア】の人気はすさまじく、まだ正式にデビューが決まっていないにもかかわらず、一種の「ジャニーズ・ブーム」が世に起きていた。この時のトップが滝沢秀明だった。滝沢は圧倒的な存在感でＪｒを把握し、統率した。ジュニアファンのなかでも群を抜いて、人気を誇った。

こうした異常な人気に浮かれたＪｒの連中で羽目を外した「事件」を起こしたことがある。写真週刊誌ＦＲＩＤＡＹ（１９９９年1月29日号）に、「抱かれた女子大生たちが衝撃の告白」のタイトルで、乱れたパーティーの現場写真が掲載された。不動産関係の大人が集まる会の１次会に出席したのが、当時16歳のジャニーズジュニア尾身和樹。彼に誘われて２次会に大坂俊介、穴沢真啓らが合流。大坂は16歳、穴沢15歳らが新宿のカラオケボックスで飲酒や喫煙の乱痴気騒ぎ。さらにはホテルのスイートルームに男女20名くらい集まって乱痴気騒ぎとなり、セックスが始まった。これでは弁解の余地もない。

むろんそうした成り行きに厳しく対処していたメリーは、憤懣やるかたない表情で、社員にコメントの代読をさせて、「パーティーがあった事実」を認めざるを得ず、関係したＪｒ全員を即刻解雇したものだ。

ジャニーズジュニア騒動は一段落したが、この当時のジャニーズは、デビュー前の「Ｊｒ」に人気が集中するのを感知したジャニーは、立て続けに嵐（１９９９年9月デビュー）、タッキー&翼（２００２年9月）、ＮＥＷＳ（２００３年11月）と大量のジュニアを整理するように、グループを世に出した。

それらのジャニーの行動の一つには、写真週刊誌にすっぱ抜かれた「ジュニアの乱交パーティー」があったのを疑う余地はないのである。

森田剛のレイプ騒動の顛末

社会的な汚名は素早く雪《そそ》ぐのがメリーの過去の経験からの人生訓でもあったが、この後3月、ジャニーズ事務所にというより、メリーにとっては天地がひっくり返る「レイプ疑惑騒動」に巻き込まれる。

「森田剛のレイプ事件騒動」である。

2000年3月、V6（1995年11月デビュー）の若い世代に属する森田剛は警視庁赤坂署に突然、「強姦罪及び強制わいせつ罪容疑」で訴えられたのである。いわゆる告訴だった。訴えたのは妃今日子という色気を売りにするタレント。

この事件は双方の事務所が真っ向から渡り合ったことで、成り行きの報道が世間の注目を集めた典型的な「スキャンダル事件」となった。

妃今日子の証言は、森田に親しい友人と二人でホテルへ誘われ、どういう訳か友人だけが帰され、同席していたTV局社員と森田に乱暴されたといった内容だ。

密室での乱暴行為は当事者のみしか真実を立証しにくい事案だ。

森田は否認をしたが、妃が所属する芸能事務所の社長（沢村進）によると、森田は妃に、「乱暴されたことをバラス（公言する）と脅迫した」と打ち明けたという。こうなると、密室の行為だけにどちらの言い分が「事実」なのかを証明するのは困難だ。

ジャニーズ事務所の代理人弁護士（当時・N総合法律事務所）は、真っ向から妃の訴えを拒否する。「確かに森田クンは昨年の末にその女の子や彼女の友だちを宿泊するホテルに呼んで、トランプしたりお喋りしたりしただけ。いつも数人だったし、どの女の子が妃なのかは分からない」と代弁する。

弁護士のこの発言に妃の所属事務所社長ら4人が、当時のジャニーズ事務所へ押しかけ、言わば殴り込みのような形になり、揉めたのだ。

数人の大人が揉み合ったので、応対したメリー（当時事務所の副社長）は蹴られて、左の足首を怪我したとジャニーズ事務所の代理人が説明をする。

「私ども（ジャニーズ事務所側）は脅迫及び傷害罪で4名を告訴する」と、弁護士の応対は常と変わらないスタンスで強制的な態度だった。

事件はこれで終わらなかった。双方が一歩も譲歩しなかったのだ。

当の森田剛は弁護士の忠告を聞いて無言を貫いた。

時間が過ぎた。半年後、「妃今日子の売名行為」という説と、「ショックで食事もできずにやせ細った」という説が入り混じり、予想以上にスキャンダラスな情報が乱れ飛んだのである。

その後にメリーがどのように動いたかは詳《つまび》らかでないが、ほどなくして、「狂言でした」と妃が打ち明けたと週刊誌に載った。

この辺の流れはいささか不自然な気がしないでもない。これで決着してしまえば、一方的に、「悪かったのは妃今日子だった」となる。

それならば、妃の売名行為の可能性がないではないが、常識的に見て、合意のうえでの付き合いだった可能性もあるような気がする。幾ら、色気で売る女優であったとしても、特質である「肉体」は「傷もの」となり、それを見させられるほうは、「シラケる」。

そこまで覚悟しての証言だったのかは不明だが、この「レイプ疑惑」には最終章がある。

後になるが、妃が、前記したように「あれは狂言でした」と例の週刊誌に意外な「真相」を告白するのだ。これで「一件落着」と思いきや、この騒動には余話がある。妃が所属する事務所社長（前出）がジャニーズ事務所で、再びメリーと話し合いを持ったのだ。ところが意外なことに事務所内に警視庁赤坂署の私服警官が9名も立ち会ったという。警察との事前の打ち合わせがあったかは寡聞にして分からないが、それにしても「当事者同士の話し合い」にこれほどの私服警官の立ち合いが必要だったかは疑問でもある。すべてメリーの揉め事の対処法だったかはどうかは即断できないが。

「その後」に独自の個性を発揮する森田剛

ところで、ジャニーズグループ「V6」の森田剛は若手組のカミングセンチュリーに属したが、従来の「明るく陽気なジャニーズ」のイメージとは少し異なる「独自の陰影」を放った。ジャニーはV6の他のメンバーの明るく清潔なジャニーズのイメージに「独特の個性」を森田に託した。このあたりの行き届いた感性はジャニー独自のものだが、森田はデビュー後に周囲を圧倒する存在になる。

それは、舞台俳優、の道だ。2005年の劇団☆新感線（いのうえひでのり演出）での「荒神（ARAJIN）」での大悪党（源範頼）の演技が絶賛されたのである。

それを契機に舞台「金閣寺」（宮本亜門・演出）での狂おしいまでの演技は、アメリカ・ニューヨークの「リンカーンセンター・フェスティバル」でも上演し、以後も「祈りと怪物」（蜷川幸雄・演出）の「祈りと怪物～ウイルヴィルの三姉妹」にも出演を果たす。

まさに、いのうえ、宮本、蜷川といった日本演劇界を先導する演出者に出演を依頼される存在は、ジャニーズ出身者（森田は最近、ジャニーズ事務所は退所）のなかでは随一だ。

森田剛の俳優としての力量は、かつて同じグループ（V6）に所属していて、今や日本映画俳優としての評価を固める岡田准一に匹敵する。

「妃今日子との疑惑」を、糧としての今後に眼を離せない存在だが、それはそれとして、いずれにしてもこの年以降、メリーの頭痛の種は尽きないのである。

まだ続くか、ジャニーズ暗黒史

ジャニーズ事務所のタレント管理に問題あり、と第147国会の「青少年問題に関する特別委員会」で取り上げられたことがあった。

喫煙・飲酒をするジャニーズの少年（未成年）8人が週刊誌（週刊文春）に載り、それがやり玉に挙がった。ただ残念なことに、このとき同時に「ジャニーの性加害問題」が追及されていたのなら、あるいは別の展望が拓《ひら》けたかも知れないと、今更ではあるが悔やむ。

つまり、過去何度もジャニーに対する「性加害問題」は世情に上がったことはあるが、結局は尻つぼみで終わってしまった。

やっと近年（2023年3月以降）に表面化し、児童虐待が法治国家で軽んじられてきた仕返しを食らっている、と見るのが正当だ。しかしながら突破口が、BBC（前記）という外国からのドキュメントだったというのも忸怩《じくじ》たる思いでいっぱいだ。

稲垣吾郎の謹慎

国民的アイドルの頂点に昇ったＳＭＡＰ稲垣吾郎に、２００１年8月、駐車違反に関係する傷害事件が起きる。稲垣が警視庁渋谷署に身柄拘束（逮捕）された一件である。道交違反と公務執行妨害だったが、内容はちょっと奇妙な成り行きだった。交通課の警官3人が反則切符を渡そうとした瞬間、稲垣はとっさにクルマを発進させてしまい、１人の警官に全治5日の負傷を負わせた。

何故に稲垣が素直に反則切符を受けとらなかったのかが、その後にマスコミの好奇心を煽る結果になる。薬物疑惑を逃れるためではなかったのか、など稲垣の言動に好奇の視線が送られたが、「事実無根」と事務所は強く否定した。が、当の稲垣はメリーから「5か月間の活動謹慎処分」を申し渡され、11年連続で出場していた「ＮＨＫ紅白歌合戦」への出場を辞退した。事務所は稲垣の不祥事でスポンサーに支払った約1億数千万円の損害賠償を「損金」に処理したが、国税庁はこれを「隠蔽（工作）」として追徴の課税をした。

メリーには思わぬ泣き面に蜂だったのだ。

そしてさらに2年後（2003年）はメリーにとっての厄年になる。

東京国税局からの追徴課税の指摘を再度受けたのである。

事務所の経理一切を取り仕切るメリーはジャニーズタレントのトラブル対策とともに頭を悩ます。ジャニーズ事務所本体と関連会社に対する法人所得の申告漏れを告げられるからだ。内容はそれ以前の2001年12月期まで約6億5千万円の所得の内で、およそ3億円余が「所得隠し」と認定され、重加算税を計算されて2億円超が追徴課税された。

そのほかの関連会社（ジャニーズタレントのグッズ販売など）にも所得隠し（およそ10億円）があるとして、法人税法違反で同社（ジェイ・ステーションなど）と、同社の社長（武田某）が東京地検に告発された。

この一連の事務所の経理事情は、自業自得とは言え、メリーを悩ませたのに加えて、ジャニーの性加害裁判で敗訴になったこともあった（週刊文春との二審・2003年7月）。

さらに加えて、2003年、ジャニーは「自分の行為はホモセクハラと思うのは自分は血が繋がっていない裏切者（の言うこと・著者註）」とこの裁判のなかで明かす（「追跡！　平成日本タブー大全」宝島社）。なんだいこれはと思う。ジャニーは自分の性行為の相手を誹謗中傷し、自分の行為（性的行為）を正当化している。

私は、「彼ら（ジャニーズタレント&Ｊｒ）はボクの目指す未来」が口癖だったジャニーの言い訳は、辻褄が合わない、と感じた。裏切り者とは誰を指すのか。

裏切った当人はジャニーなのである。

強制的に相手をさせた彼ら（Ｊｒ）の立場を一変させている。別角度から見れば、ジャニーの証言は「性行為を是認している」と解釈されても構わないことになる。だから自分（ジャニー）に罪の意識はなかった。血縁者でない者の証言は信用すべきではないというのがジャニーの論外な言い訳だ。

端的には、「性行為を認めている」ことになるのだから。

すでにジャニー本人はこの時点で「余計な言い訳はしない」と決めたように考えられる。「性行為はあった」。それは認めると。

これだけ世間に自分の行為を曝《さら》け出したのはこれが初めてで、以後は一切、発言をしなくなったのである。

木村拓哉のＴＶドラマ事件

それは２００４年1月、木村拓哉がＴＶドラマ「プライド」を収録中の休憩時間に起きた。劇中での役柄はアイスホッケーの選手役だった。収録の待ち時間にスティックでアイスホッケーのパックを打って、客席の女性を直撃してしまった。被害女性は唇を裂傷し、前歯1本を折った。

フジは「休憩時間に起きた」と発表したが、事故は「撮影中」と事務所は言い張った。撮影中にしてしまえば被害届が不要で業務上過失傷害になる。局とメリーに背を押された事務所の掛け合いが「真相」を隠蔽した形になった。

本来は素人の木村が時間待ちとはいえ、勝手にパックを打ってはならないのだった。そのことの真相に触れたメディアが皆無に近かったのは、各ジャニ担の忖度が働いたと言われる。彼らの頭に、「シーさん」と呼ばれる白波瀬潔（元ジャニーズ事務所代表取締役副社長）への忖度が働いたにちがいない。いわんや、この時期の「木村拓哉」は日本一の人気者だったのだ。当時、木村個人に対しても、又、ジャニーズ事務所に対して本音をぶつけるメディア（各ＴＶ局）はほとんど存在せず、企業も成り行きを見守る姿勢を頑なに崩さなかった。

その後（２０１８年）に起きた山口達也（元ＴＯＫＩＯ）の強制わいせつ問題も起きた。

そして今（２０２３年3月以降）、その61年を超えて築いたジャニーズ事務所の、そしてその重い扉が開かれ、堅固な壁に穴が開いた。それは未だ小さいが、おそらく大穴になるのは間違いないのではないか。

さようならジャニーズ、決別と再生

重い空気の拭えない記者会見

かつてない異常な酷暑がやっと止んだその日（２０２３年10月2日）、ジャニーズ事務所による2度目の記者会見が全国注視のなかで開かれた。しかし当の会場内には、冒頭から期待感とは裏腹な、また熱気とも異なる好奇と猜疑心が入り混じる「異様な空気」が重く垂れ込まれたのだ。

その理由は1度目の記者会見出席者で、前代表取締役社長・藤島ジュリー景子の会見直後のハワイへの逃避行のような行動だ。そして新社長東山紀之の後輩Ｊｒ（ジャニーズジュニア）に対する性的醜聞が、次々とメディアにスキャンダラスに流布されたからで、こうした両者の背景が刺激剤となった。

ジュリーは1度目の会見を終えるや米国ハワイ州ホノルルへ直行し、所有するトランプタワーの190平方メートルあるオーシャンビューのコンドミニアムを2011年に約370万ドル・約5億5千万円で購入（週刊文春9月28日号一部参照）へ飛び、東山は少年隊時代のバックダンサー（Ｊｒ）への不埒な態度が性的虐待ではないかと報じられるなど、1度目の会見内容から飛躍しての醜聞が2度目の記者会見への好奇を一層、肥大させたからである。

そうした両者のスキャンダラスな話題に加え、メディアではジャニー喜多川による性被害を告白するＪｒたちの告白が連続報道されたことがある。

こうした背景には鬼畜の行為が長く隠されてきたジャニーの行為の実態を知ろうとする人々の好奇のバックボーンが見え隠れし、そのアナウンス効果で2度目の記者会見は異様なほど世間の耳目を刺激したかのように私は見た。

さて、2度目の会見の要旨は、

1・社名変更の件
2・性被害者救済の方法
3・ジュリー藤島の株式所有
4・所属するタレントの方向性

大方、この4点だったが、1の項目は「現在のジャニーズ事務所」は「SMILE《スマイル》-UP《アップ》.」と改名し、一切、芸能事務を行わない。業務は性被害者の救済に集中し、解決後の機会に廃業する。この対応に藤島ジュリーは専任する。

2の項目は（2023年10月2日現在）、478名の申し込みがあり、そのうち325名が補償を要求。但しこの時点での応急は約150名余。

3の項目は補償手当てに当てる予定で藤島ジュリーがメインの主導となる。

4の項目については、新会社を設立し、社長は東山紀之、副社長は井ノ原快彦。業務内容は所属するタレントの芸能活動を支える。また関ジャニ∞、ジャニーズWESTなどはグループ名を変更し、関連会社もジャニーの名称を取る。

現在のジャニーズ事務所からの移籍・独立はタレント個人の判断に一任。すでに人気タレントの岡田准一は退所を決めた。新会社の名称はジャニーズファミリー・クラブ会員に説明し、公募の形式で後日（11月末まで）に決める。

サヨナラ、ジャニーズ事務所

正直に言うと、全体の対応が「生温い」。記者会見の一問一答に、肝心の「ジャニー喜多川の性犯罪」に対する視点が鮮明でないからだ。そもそもこの日本全国に生中継される記者会見は、「事務所の申し開きの場」であってはならないというのが私の考えだ。ジュリー、東山、井ノ原がそろった最初の記者会見から前進したと思うのは、性被害の相談者478人でその内、補償を求めたのが325人にものぼったことを同席した弁護士が公開し、発表したことだった（いずれにせよ、この数字が予想以上に多いのにも驚かされた）。東山と井ノ原についていえば、今回の記者会見に同席したチーフコンプライアンスオフィサー（同席の弁護士も）の法的な説明に背中を支えられての報告、という印象が強く残った。

「（自分の視点が）内向きだった」と東山は吐露するが、自分の過去のジュニアに対する行為の質問に強く否定した瞬間が、私にもっとも印象的だったのは、なんとも皮肉だったとしか言いようがない。

性被害者救済をもっと真摯に深掘りした対策が　聞きたかった。新会社は移籍を希望したジャニーズタレントと個別に「エージェント契約」をすると発表された。要するに仕事の受理、日程、役柄、そしてギャランティーの確認を一対一で行う制度にする。これはタレント側に一種、朗報だが、過去のジャニーズ事務所はメリーが「契約」にやかましかった割に、事務所と個人の契約にルーズだったのは皮肉と言うべきだろう。

ジャニーズ事務所の今回の記者会見へのジュリー欠席を、全国の国民は正直、もろ手を挙げて背中を押す気持ちになったろうか。

あとがき

日本人の多くは目覚めた

ジャニー喜多川による性加害の隠蔽のすべての元凶が、「ジャニーズ帝国」への、諂《へつら》い（相手の気に入られるようにふるまう、お世辞を言う、媚びること・岩波国語辞典）だった、とは断言しないが、木村拓哉のアイスホッケースティック事件以後も、ジャニーズアイドルの事件や事故などは絶えなかった。

完全な人間などいないと思っても、多くの人間に「夢と喜び」を与え続けたジャニーズの存在は芸能の歴史からは消えない。

ジャニーズタレントもれっきとした大人の男である。熱愛報道は当然のこととして続発した。本著でそれらを逐一取り上げないが、常時100名以上のタレントを擁するジャニーズ事務所だからこその多事多難は免れなかった。彼らの多くが華やかなステージを彩り、ドラマの架空のプリンスを演じて、１３００万人とも伝えられるファミリークラブの会員の、熱い支持が背景となっている限り。

それにしても、私を含めて遅まきながら日本人の多くは目覚めた。「ジャニーズの正しい情報を報じない」姿勢が忖度《そんたく》によってマスメディアに存在していたのは事実だったという真実。これが２０００年代から最近（２０２３年）まで止むことはなかった現実だった。

人の思いは様々と思うが、ジャニーズ、と聞けば華やかさと眩しい存在の宝庫と印象付けられてきた。そこに彼らの存在価値があったし、長くその「実体を」隠蔽してきたのが、ジャニーズ事務所だったし、それを半世紀以上も管理管轄してきたのがメリー泰子・喜多川であり、それらの金の卵を発掘し、磨き上げたのがジャニー擴・喜多川だった。私は縁あって、彼らと仕事上の付き合いをした。

だが今となっても半世紀前に出会った印象は頭の隅から消えない。本著は未だそのすべてはないが、長期間閉鎖されたジャニーズ事務所の重い扉を「一押し」したと思っているが、彼ら姉弟（メリーとジャニー）が秘匿しようとすればするほど、私の「重い扉」の向こうを覗いてみたい欲求が、年々大きくなったのは正直な気持ちだ。

時代が変化して２０２３年秋、以降（旧）ジャニーズ事務所は新たな出発を迎えなければ、新しい陽は昇らない。その陽光の眩しさが「ジャニーズ」と呼ばれたすべての彼らに注がれるのを見届けたい。

最後に私が人生訓にする先人の言葉を記す。

有能な人間は、失敗から学ぶから有能なのである。
成功から学ぶものなど、たかが知れている。
ウイリアム・サローヤン（米国作家）

そしてサローヤンは、こうも言う。
「いちばん幸せなのは、幸福なんて特別必要でないと悟ることだ」。サローヤンは戯曲

「人生の悦び」でピューリッツアー賞を受賞したが、その受賞を拒否した。その姿勢が「成功からは学ばない」の人生観だったたかは私に分からないが、ジャニーとメリーに接していての私の記憶は半世紀前から消えることはない。

55年前の東京・原宿駅近くでのジャニーとの初会、その1か月後の東京・日劇（当時）楽屋でのメリーとの初対面、そのすべての記憶を本著に詰め込んで、彼らが築いた虚構の楼閣を知る限りで記した。だが本著は私のジャニーズ事務所への惜別ではない。見て、知って、行動したすべてではないが、これ以上の執筆は現段階ではもう、「お開き」にしたい。

２０２３年秋　妻と共に武蔵野にて

《参考文献》（順不同） 皆様に感謝します

『256ページの絶叫』北公次（ペップ出版）
『ジャニー喜多川さんを知ってますか』江木俊夫（KKベストセラーズ）
『ジャニーズの歴史・光も影も45年』ジャニーズ研究会（鹿砦社）
『週刊文春SMAP解散の瞬間』鈴木竜太（文春ムック）
『隣の嵐くん』関修（サイゾー）
以下は著者自書。『4不滅のアイドル王国』（ブックマン社）、『異能の男ジャニー喜多川』（徳間書店）、『女帝 メリー喜多川』（青志社）、『ジャニー喜多川の戦略と戦術』（講談社）、『ジャニーさんに愛される息子に育てる法』（竹書房）等。

小菅　宏（こすが・ひろし）

東京都出身。立教大学（在学中にシナリオ研究所卒）卒業後、株式会社集英社入社して、週刊誌・月刊誌の編集記者。1990年に独立。著書は『4琵琶湖周航の歌・誕生の謎』（NHK出版）、『僕は字が読めない・発達障害』（集英社インターナショナル）、『美空ひばりと島倉千代子』（アルファベータブックス）、『小松政夫の遺言』『女帝　メリー喜多川』（青志社）、『坂本龍馬の人たらし』（徳間文庫）、『大奥ミステリー』（徳間文庫）他。公演多数。劇画原作者（天馬比呂志）として活動。本著は64冊目の上梓。

ブックデザイン　塚田男女雄

新ドキュメントファイル
ジャニーズ61年の暗黒史

二〇二三年十月二十五日　第一刷発行

著者　小菅 宏
編集人
発行人　阿蘇品 蔵
発行所　株式会社青志社
〒一〇七-〇〇五二 東京都港区赤坂5-5-9 赤坂スバルビル6階
(編集・営業) TEL：〇三-五五七四-八五一一 FAX：〇三-五五七四-八五一二
http://www.seishisha.co.jp/

印刷
製本　中央精版印刷株式会社

ISBN 978-4-86590-161-0 C0095